U0683226

浙江中医临床名家 **周维顺**

总主编　方剑乔

刘振东　主编

科学出版社

北京

内 容 简 介

本书是"浙江中医临床名家"丛书之一,介绍了浙江名医周维顺。全书内容共分为六章:中医萌芽、名师指引、声名鹊起、高超医术、学术成就、桃李天下。详述第五批全国老中医药专家学术经验继承工作指导老师周维顺教授的求学、成才及成名之路,并介绍了他对胰腺癌、肝癌、肺癌、肠癌、化疗后白细胞及血小板减少等肿瘤科常见病和并发症的诊治心得,以及其学术继承人、研究生、师承弟子的跟师经历和心得。

本书不仅能为中医学习者提供参考,而且能为中西医结合肿瘤执业者提供经验以借鉴,确是一部临床非常实用和行之有效的专著及参考书。

图书在版编目(CIP)数据

浙江中医临床名家·周维顺 / 方剑乔总主编;刘振东主编. —北京:
科学出版社,2019.8
　　ISBN 978-7-03-062114-6

　Ⅰ.①浙…　Ⅱ.①方…②刘…　Ⅲ.①周维顺-生平事迹②肿瘤-中医
临床-经验-中国-现代　Ⅳ.①K826.2②R273

中国版本图书馆CIP数据核字(2019)第179772号

责任编辑:郭海燕　刘　亚　国晶晶 /责任校对:王晓茜
责任印制:徐晓晨 /封面设计:黄华斌

科学出版社 出版
北京东黄城根北街 16 号
邮政编码:100717
http://www.sciencep.com

北京捷迅佳彩印刷有限公司 印刷
科学出版社发行　各地新华书店经销
*
2019 年 8 月第　一　版　　开本:720×1000　B5
2019 年 8 月第一次印刷　　印张:8 1/4　插页:2
字数:135 000
定价:58.00 元
(如有印装质量问题,我社负责调换)

中华中医药学会肿瘤分会第三届换届改选后的主任委员与副主任委员在主席台合影
（前排左四为周维顺教授）

周维顺教授与部分研究生于2017年教师节在浙江省中医院肿瘤科病房合影

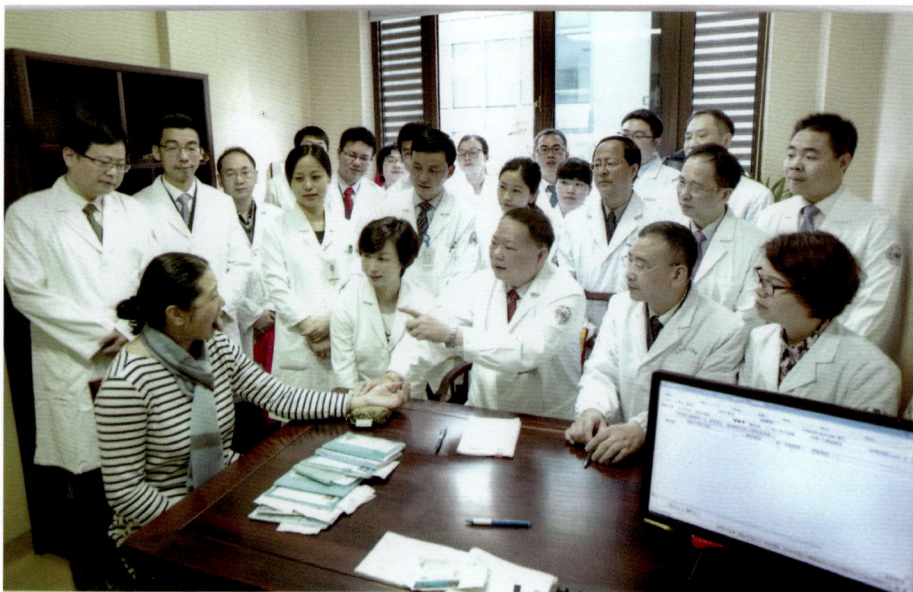

周维顺教授在其国家级名老中医工作室门诊带教时师生合影（2017年11月7日）

周维顺教授与他带领的全国文明号先进集体人员在浙江省中医院肿瘤科病房合影
（2016年8月27日）

浙江中医临床名家

丛书编委会

主　编　方剑乔

副主编　郭　清　李俊伟　张光霁　赵　峰

　　　　陈　华　梁　宜　温成平　徐光星

编　委（按姓氏笔画排序）

丁月平　马红珍　马睿杰　王　艳

王彬彬　王新华　王新昌　牛永宁

方剑乔　朱飞叶　朱永琴　庄海峰

刘振东　许　丽　寿迪文　杜红根

李　岚　李俊伟　杨　珺　杨珺超

连暐暐　余　勤　谷建钟　沃立科

宋文蔚　宋欣伟　张　婷　张光霁

张丽萍　张俊杰　陈　华　陈　芳

陈　晔　武利强　范军芬　林咸明

周云逸　周国庆　郑小伟　赵　峰

宣晓波　姚晓天　夏永良　徐　珊

徐光星　高文仓　郭　清　唐旭霞

曹　毅　曹灵勇　梁　宜　葛蓓芬

智屹惠　童培建　温成平　谢冠群

虞彬艳　裴　君　魏佳平

浙江中医临床名家·周维顺

编 委 会

总　序

中华医药，博大精深，源远流长。灵兰秘典，阴阳应象，穷万物造化之妙；《金匮》真言，药石施用，极痾疾辨治之方。诚夷夏百姓之瑰宝，中华文明之荣光。

浙派中医，守正出新，名家纷扬。丹溪景岳，《格致》《类经》，释阴阳虚实之论；桐山葛岭，《采药》《肘后》，载吴越岐黄之央。固钟灵毓秀之胜地，至道徽音之华章。

浙中医大，创业惟艰，持志以亢。忆保俶山下，庠序进修，克艰启幔；贴沙河干，省立学府，历难扬帆；钱塘江畔，名更大学，梦圆字响。望滨文南北，富春秋冬，三区鼎足，一校华光；惟天惟时，其命维新，一德以持，六艺互襄；部省共建，重校启航，黾勉奋发，踵武增华。

甲子校庆，名医辈出，几代芳华。值此浙江中医药大学建校六十周年之际，特辑撰"浙江中医临床名家"丛书，以五十二位浙江中医药大学及直属附属医院名医为体，以中医萌芽、名师指引、声名鹊起、高超医术、学术成就、桃李天下为纲，叙名家成长成才之历程，探名家学术经验之幽微，期有益于同仁之鉴法、德艺之精进。

时己亥初夏

周维顺简介

　　周维顺，男，1946年12月出生，浙江省江山市人。1969年本科毕业于浙江中医药大学（原浙江中医学院）中医系，中国共产党党员。第五批全国老中医药专家学术经验继承工作指导老师，浙江省第三批名中医，主任中医师、教授、研究员，中医内科学博士研究生导师，中西医结合临床专业博士研究生导师。浙江省中医院原党支部书记，院教、职代会主席团常委（中医、西医、中西医结合内科大片21个科室及13个病区代表团团长）兼肿瘤科主任，曾连续多年任浙江中医药大学及浙江省中医院医药高级职称评审委员会评委等职。历任世界中医药学会联合会肿瘤外治法专业委员会副会长，中华中医药学会肿瘤分会顾问、副主任委员，中国中医肿瘤学会副会长，全国中西医肿瘤防治联盟副主席，全国肿瘤诊治专家委员会副会长，全国中医肿瘤学术年会历年大会主席团副主席，国家中西医结合肿瘤诊治中心副主任，全国膏方抗癌专家委员会副会长，周维顺全国名老中医药专家传承工作室主任导师，中国医促会肿瘤委员会副会长，浙江省中医药学会肿瘤分会顾问、副会长，《中国中医药杂志》及《中国医药杂志》副主编，卫生部中医药临床药理验证基地专家委员会常委，卫生部国家临床重点学科评审专家，国家自然科学基金课题评审专家，省部级国家科技奖评审专家，浙江有线电视台《健康直播室》顾问等职。

　　自浙江中医药大学本科毕业50余年来，周维顺一直从事临床、科研、带教工作，曾先后在国家级及省级医学杂志上发表论文达100余篇；主持和主要参与省、厅级科研课题15项，研制出"升白冲剂""升血小板冲剂"，主要参与的"新加沙参麦冬汤抗肿瘤作用"的研究项目荣获浙江省省政府、卫生厅、教育厅科研成果奖6项；撰写并担任主编、副主编、编委著作10部，其中由王国强亲自写序并高度评价的《国家级名老中医周维顺恶性肿瘤治疗经验集》一书及由周维顺教授主要参与编写的全国医药院校本科生及研究生教材《中医肿瘤学》，已在全国各大书店出售，深受读者好评；培养博士和硕士研究生51名，学术继承人25名，高职称院长级西学中高级研讨班专家

学员 8 名；连续多年被评为浙江中医药大学及浙江省中医院先进工作者、优秀教师及优秀党支部书记。同时，多年来省、市各级党报及新闻界对其高尚医德和精湛医术曾多次作过报道，其业绩已经列入党的十六大期间发行的《新时期中国共产党人》一书中。

目　　录

第一章

中 医 萌 芽

第一节　幼承庭训萌志趣

　　1946 年 12 月，周维顺出生在一个小村镇里，幼年时适逢我国百废待兴，各地各项物资尤其是小村镇中的医疗资源匮乏严重。小村镇地处偏僻，当时仅有一家小小的药铺可以为大家简单地处理平时的一些小病或者身体不适。药铺中唯一的郎中也并非师出科班，只是比一般人多一些医学常识、医学见闻和经验而已。药铺中的很多药物都是由老药工或者郎中自己上山采摘、炮制，因此药物的数量、种类、品质都十分有限。药物的稀缺、医生水平的局限，再加上一些患者自身医药知识的缺乏，使其病情没有得到及时控制，而造成很多人失治误治。

　　某年冬日，隔壁村的堂兄神色紧张地赶到老师家，询问之下，原来堂哥的父亲早上一醒来就突然出现了右侧肢体的麻木，继而活动也出现了障碍，说话也不利索，再后来就出现了昏迷的情况（即现代医学所指脑卒中的症状）。这一变故顿时吓坏了家里的人，但大雪封路，根本没有办法带老父亲走几十里地来村里就诊。于是老师父亲赶忙带着老师与堂兄来到了药铺，邀请郎中出诊。郎中仔细听完堂兄的描述，又经过问诊，诊断该病为急危重病症，但因耽误时间过久且大雪天药铺里少药而无法医治，最终老人不幸逝世。这种情况在当时的小村镇并不少见。老师年少时喜爱跑药铺帮忙，也经常看到周边不少村民因家庭贫困或者缺医少药而耽误了治疗，使小病变成了大病，失去了最佳治疗的时机，有的甚至年纪轻轻就不幸离开人世；也有的患者因为找不到好的医院和好的医生，病急乱投医，最终人财两空。这些经历和所见，给老师留下了深刻的印象，也让老师从小就深深地体会到了广大农民缺衣少食、医药无着的苦状。因此他暗下决心，一定要学医，不求衣锦富贵，但求

1

悬壶济世。

　　老师祖上曾经行过医，老师的父亲是一名老共产党员，又是当地的党支部书记，自小就教导孩子们要有一颗正直、仁义之心。自幼的所见所闻，深深地印在了老师的脑海里，让他萌发了"行医救人"的鸿志，立志长大后一定要学医，做一名像白求恩那样，救死扶伤的好医生，为人类的健康事业贡献自己的一切。至今，在老师江山老家的祖宅内还可以看到老师年少时在大厅、房间墙壁上及木板门壁上稚嫩却深刻的笔迹。"长大后一定要考上省级医学院，一定要早日加入中国共产主义青年团、中国共产党，一定要像父亲一样做一个优秀的共产党员、做一个优秀的共产党书记，永远为人民服务，为党和人民的卫生事业贡献自己的一切；下定决心、不怕牺牲、排除万难、立志学医。"至今，老师与其妻女一起回老家探亲时，也经常带着她们到老房子重温当时的豪言壮志；女儿深受其影响，继承了父亲的宏志，在美国读研期间也像老师一样，各方面都非常优秀，从老师到同学及周边所有的人都无不称赞他女儿。而老师这颗自小"全心为民"的赤子之心，亦是他孜孜不倦为百姓解除病痛竭尽全力的源泉。

第二节　初露锋芒彰才华

　　因受到家庭文化的传承与熏陶，家里人均懂得培养子女的重要性，自小老师便在祖辈的耳濡目染中积累了扎实的文化功底，熟读了《论语》《孟子》《庄子》等古文；但与他人不同，老师课余也爱捧着《神农本草经》研读，虽然不甚理解，但所谓"读书百遍，其义自见"，这也为老师将来的行医之路打下了一些基础。当时老师家中不算富裕，孩子们不得不经常帮助家里做些力所能及的家务、农活。对于老师来讲，幼时锄地、打草、割麦、放牛也是必修课之一。但与一般孩童不同的是，老师自小在做完大人吩咐的活计后，只要一有空，就喜欢跑到当地的药铺去帮忙打杂，同时也向他们取经，学习有关医药的知识。平时，老师爱缠着铺子里的药工们问这问那，或跟着药铺的工人上山采药、炮制药材；在药铺郎中诊治的过程中老师会细心观察，得空便拿真实医案中的疑虑向郎中们讨教。在观察中，老师认识了很多中药，了解了中药的基本炮制方法，对药材的道地、质量、加工炮制、存储都有了初步的了解。有时间郎中们也会给老师讲解一些中医书中的知识及辨病看病的方法，讲些药理汤头与脉理，让老师对中医中药有了初步的认识。

有一次，老师在诊间观察到一位症状类似强直性脊柱炎的患者，郎中以大乌头汤为主方治疗近一年之久，患者腰背部症状虽有所减轻，但左手指关节腔积液依旧未好转；但一日老师阅读《神农本草经》时发现，泽兰有活血利水之功效，尤宜水瘀互结之病，尤其适合关节腔积液；便将此节内容与郎中探讨，次诊郎中在原方中加入泽兰一味，连服半个月，积液全消，深以为效，这也让药铺的郎中对老师赞许有加。

当时老师家隔壁住了一位独身老婆婆，咳嗽30余年，经久不愈，老师每每路过她家门口就能够听到老婆婆的咳嗽声不绝于耳，十分痛苦。为此，老师挂记于心，为了减轻老人的痛苦，老师遍寻书籍，终于找到了"卤煮核桃"（见附方）的食疗方，还用自己平时省吃俭用攒下来的钱购买了材料，亲自制作，当作点心送予老婆婆服用，老婆婆服了一些核桃之后，30余年的咳嗽不药而愈，欣喜异常，直夸老师不愧为名医之后。

如此之后，老师"小医神"的称号便在乡间流传。家中如有头痛脑热，但又不愿或没钱上医馆的，也多爱找老师咨询问诊，每每如是，老师总是认真对待。老师结合自身从医书上看到的经验，再三询问药铺郎中、药工后再予以确认；在老师看来"病无巨细，皆当悉心以待"，这为老师的临证也积累了很多经验。

附方：卤煮核桃

组成：带皮核桃500g，补骨脂30g，盐杜仲30g，人参须30g，天门冬30g，肉豆蔻10g，砂仁10g，川椒15g，大茴香15g，陈皮10g，生薏苡仁30g，生姜、食盐适量。

做法：带皮核桃清洗干净后裂壳，余药物打碎纱裹，与适量生姜、食盐同入锅中。冷水浸泡1小时后大火煮开，然后小火炖煮2小时。

食用方法：每日剥壳食用3～5枚。

功用：温补下焦，敛肺定喘，和中化痰。

适应证：久治不愈的咳嗽、咳嗽变异性哮喘、支气管哮喘、慢性支气管炎、肺气肿等具有肺、脾、肾气虚或阳虚证候者。

禁忌：本品性温，实热证、阴虚火旺、外感风热者勿用，对核桃过敏者勿食。

膳解：系由观音人参胡桃汤及石刻安肾丸化裁而成。核桃仁性温润，为补下焦命门之药，且富含油脂，具有滑利痰涎之效。核桃皮性涩，具有敛肺的功效，所以皮肉同用。杜仲、补骨脂温肾助阳、纳气平喘。补骨脂刚燥，属火；核桃仁柔润，属水，二者同用，可补益安奠肾中之水火。人参须补气

生津，且须性下行，能引气归元，有定喘之效。川椒、大茴香、肉豆蔻不仅能够调味，且能温壮肾阳，有辛散之性，有助肾阳之流动。陈皮、砂仁则调和中焦之气，助升降之枢机。而薏苡仁则以其甘凉、淡渗之性清解余热，调和诸药。若热象重者，可加海蛤壳、丝瓜络、少量白萝卜同煮；痰饮重者，可加鲜竹沥、法半夏、明党参、佛手参等；久病不愈或有瘀血证候者，可加桃仁。

第三节　出类拔萃得众望

老师家中祖辈曾经行医，但后来孙辈却并没有人继承医学衣钵，一则是行医并不赚钱，家里需要更多的人经营他业来维持家生；而更多的原因则是，对学医者尤其是学中医者的要求相当严格，甚至可以用苛刻来形容。第一，学中医者必须要有非常高的中医天赋；不仅要有天生对中医的爱好和兴趣，更要有中医方面的灵感与悟性，两者缺一不可。家中孙辈中不是对中医中药毫无兴趣，就是没有中医方面的悟性。第二，学中医者必须有良好的医德，要有"悲天悯人、济世救人"的情怀；为医者，为心要正，为人要诚；不能以名利为目的，不能投机取巧，不能以虚假之语骗人。第三，学医之人必须聪慧，记性要好，理解力要强；面对复杂病情时能迅速理清思路，不被病象所惑，透过现象看本质，心中沉稳，找出治病救人的切入点。第四，学医之人必须勤奋不辍，温故知新。《黄帝内经》《难经》《金匮要略》《伤寒杂病论》《神农本草经》等诸多中医名著都是中医人必学的，而这些经典文字虽不算艰涩难懂，但其中的深奥理论一开始并不容易完全理解，所以一开始一定是以枯燥的反复记忆为主，但也并不全是所谓的"书读百遍，其义自见"，必须结合老师的讲解、同行的研究以及临床的经验反复揣测，方得其义；同时，学习中医除了熟读熟记，还要与临床相结合，反复推敲思索，总结经验才会有所得，所谓的"医不三世，不服其药"就是这个原因。第五，学医之人必须融会贯通，博采各家之长；但凡学医者必须要先认识与学习草药，了解药物的基本性味特征、炮制方法、功效作用等，临证也要全方位了解患者的环境、饮食、作息、情志等多方面的因素，还要结合四时五气，综合贯通，结合各医家先贤所长，才能学有所成。

在当时家中的小辈中，老师从小读书就非常优秀，在小学六年读书期间各门功课考试均名列前茅，年年均被评为"三好学生""优秀班长"，也曾是当地全乡出名的学习标兵。当时为了更好地学习，老师所在乡实行统一住宿、学习；从一年级到六年级将近 6000 名的所有学生都统一搬到一个当时最大最中心的村庄教学楼内住宿；由于表现优秀，为了激励大家，周老师则被当成了标杆、榜样。学校为了表扬周老师的优异表现，提倡人人向其学习，从学校住宿楼到教学楼所有的墙壁上都用大红标语写着"学习周维顺，赶上邱录岳，超过姜水英"的字体，号召全体学生都要向周老师学习，把周老师作为学习楷模。小学毕业时，老师因各方面表现都非常出色、优秀，仅有他一人按县教育局规定免考，被保送到所在区域最好的中学——江山第三中学就读。初中毕业时，他又以全县第二名的优异成绩考上了江山中学高中部。在他的整个中学时期，其成绩全优，表现出色，曾先后担任班长、学生会学习部长等职，并光荣地加入了中国共产主义青年团，连续多年被评为"三好学生""优秀学生干部"，多次出席全县三好学生代表会议。因此，老师从小就闻名于县城。

同时，老师自小立志行医救人，而且对中医中药也非常喜爱，悟性又高，综合了各方面的原因后，家中长辈都觉得他学思聪敏、心性纯正、勤思好学、仁心爱民，最适合学习中医学，一致动员他一定要在高中毕业时报考中医学院进一步学习深造，这样家里后辈中就能够有一位为民去病除疾、救死扶伤的医生，这也正好符合了老师自小的志向。

既然已经决定了学中医的方向，老师因此越发地繁忙与辛苦起来。老师每天要比一般的孩子早起两个小时，背诵中医典籍的主要条文；而每逢假期老师除了帮助家里做完常规的家务、农务后，就要随着药工上山采药、制药或者随着郎中诊病；晚饭后就开始整理一天的所学，并再次背诵、复习中医古籍经典；如此循环往复，足足六个年头。至今，老师还经常叹谓："当时其他的学生都干完活各自去玩耍了，可只有我还得继续重复背诵一些典籍、整理医案、采药制药。"正是因为这样的刻苦用功，才为老师积累了扎实的中医功底，至今老师已年逾花甲，仍对中医典籍名句、中药气味属性功效及千余首汤头歌诀倒背如流。也正因为老师的天赋聪颖及刻苦学习，才让全家上下都对他寄予厚望，并全力支持培养他继续学习深造。

第四节　初窥医路立鸿志

从小立下豪言壮志，又经过了十几年的努力奋斗拼搏、刻苦学习，老师终于凭借多年的努力与扎实的基础，在 1965 年以优异的成绩且以第一志愿考

取了当时的浙江中医学院。到杭州去读大学，这一消息在当时的小镇实属难得，立刻传遍十里八乡，临行前全村的父老乡亲都到村口来送行。老师从小就乖巧灵顺，乐于助人，村里大多数人都得到过老师的帮助，因此大家对老师都依依不舍，但念及去大城市读大学是千载难逢的机会，再不舍也必须支持，大家都拿出了家里不多的余粮或者布匹，想让老师带上，老师一一拒绝，并在众人面前立下鸿志——"精学医道、广博深远、触类旁通、济世救人"，即立志于认真、仔细地学习与记忆医学知识，扩大自身的阅历，钻研医学的真谛，以医学的真知为基础，学习各个专科，尽自身所有的能力去帮助患者，而这也成了老师行医数十载的精神写照。

　　千里送行，终须一别，老师在告别了相处 10 余年的父老乡亲后，只身一人来到了杭州。初到杭州，老师难免有几分欣喜、几分担心、几分不习惯；欣喜的是杭州人杰地灵，学府众多，可以学习到很多之前没有机会接触的知识，担心的是自己不能够很好地融入这座陌生的大城市，不能更好地去掌握这些知识。所幸老师的担忧并没有持续很久，入学后的几位启蒙老师和国医大家让老师充满了学习的动力，他们也为老师树立了人格典范，让老师终身受益。在杭州学习的 5 年时间里，老师系统地学完了中医学的各门课程，并深得何任、何少山、吴颂康、马莲湘、杨继荪、蒋文照等老一辈医家的言传身教。每每念及初入医门，老师总是感慨万分，经常说："我幸运的是，一路都遇到了好多好老师，省内外知名中医比如何任、何少山、吴颂康、马莲湘、杨继荪、蒋文照等老师对我的期许和关怀让我进一步坚定了自己的求学步伐；他们的学识和经验让我更快更深入地接触了向往的医学事业。"

（钱　玥）

第二章

名师指引

第一节　翰林学府遇名师

　　1965 年的秋天，老师带着随身简单的行李，背负着十里八乡乡亲们的期望，从江山几经周折来到了杭州，开始了他的医学生生涯。初入大学，老师总结既往的学习经历，认为不仅要从理论上系统地学习相关的课程体系及内容，也要同时从临床实践中得到经验。为了锻炼自己的临床能力，学习之余，老师就经常利用课余时间主动到学校门诊部及浙江省中医院门诊抄方、学习，把临床当作求知的第二课堂；把老中医、老教授行医的方法一点一滴都记在心里，运用于临床实践，由此积累了扎实的中医功底、积累了丰富的经验。在此期间老师有幸结识了当时众多的中医名家，包括当时浙江中医学院院长何任教授及何少山教授、吴颂康教授、马莲湘教授、杨继荪教授、蒋文照教授等。各位专家治学严谨，临床用药简洁，待患者亲切和蔼、一视同仁，用药疗效独特；即使有时染病在身，也仍兢兢业业、坚守在临床第一线。诸位老专家的精神深深感染了老师，让老师更加下定决心，为民除疾；通过学习，老师学会了常见的相关辨证思路与医法方药，打下了扎实的中医内科功底。同时，老师认真研习诸位名家的临床案例，每次跟诊均认真记录，回校后挑灯夜读，对照课本知识与临床所遇症状，认真揣摩、学习、巩固，如遇不了解的内容或疑惑，也均一一记录，次日无论再忙也势必询问名家，每隔 1 个月便将学习心得、体会再次整理、分类归档；如此日积月累，在校的 5 年，光是各种记录的笔记本老师已收集了满满一箱。老师又不辞辛劳，萃取其中的精华，结合自身的经验反复推敲，最终总结了各位名家的中医诊疗思路、临证经验，为自己的医学知识储备增加了厚重的沉淀。以下列举老师有关消

化系统医案几例，以资学习。

案例 1 周某，女。

近 2 个月来每于午后感中上腹部隐隐作痛，无肩背部牵扯痛，自觉易疲劳，常感乏力，排便不畅，呈羊粪状。处方：党参 12g，白术 9g，鸡内金 9g，枳壳 10g，青皮 6g，谷麦芽各 9g，茯苓 12g，绿萼梅 10g。

二诊：腹痛较前稍好转，时有泛酸、嗳气。处方：党参 12g，白术 12g，鸡内金 9g，枳壳 9g，厚朴 9g，谷麦芽各 9g，绿萼梅 10g，乌药 9g，煅瓦楞子 12g，炙马勃 6g。

三诊：泛酸、嗳气症状缓解，腹痛基本缓解。处方：鸡内金 12g，枳壳 6g，川朴 6g，怀山药 12g，白术 12g，绿萼梅 6g，青皮 6g，乌药 9g，黄芪 12g，肉桂 3g。

案例 2 孙某，男。

胃脘胀痛，饮食入口即吐，遇情志愤怒时尤为明显，常叹息、嗳气。处方：佩兰梗 9g，苏子 9g，杭白芍 9g，煅瓦楞子 24g，娑罗子 9g，香橼皮 9g，旋覆花（包）9g，杏仁泥 12g，丁香 1g。

案例 3 唐某，男。

大便溏泄，色黄，日行 4～5 次，病程 3 个月，便前感小腹部隐痛，食欲欠佳，苔白脉虚弱。处方：炮附块 9g，党参 9g，炒白术 9g，云茯苓 12g，升麻 2.4g，益智仁 9g，怀山药 9g，谷麦芽各 9g，炮姜炭 3g，炙甘草 3g，四神丸（分 2 次服）9g。

二诊：大便次数较前减少，粪质较前变稠，腹痛基本缓解。处方：党参 12g，白术 9g，吴茱萸 6g，木香 3g，怀山药 12g，补骨脂 9g，茯苓 12g，肉豆蔻 4.5g，炙甘草 3g。

案例 4 薛某，女，42 岁。

1 个月前胃镜检查提示胃窦溃疡。刻下：胃脘隐痛，时感嘈杂，口干舌燥，大便干结，舌苔半光剥，脉细。证属胃阴亏损，虚火内生。治以滋阴养胃，止痛和中。处方：白芍 10g，北秫米 10g，煅瓦楞子（打，先煎）18g，知母 10g，麦冬 9g，北沙参 9g，黄精 12g，怀山药 12g，川楝子 9g，云茯苓 9g，甘草 6g。

按： 胃脘隐痛，舌苔半光剥，是胃阴亏损之证。溃疡病见此象，为气郁化火，耗伤胃阴，故胃病不尽是吴萸姜桂证也。叶天士对此证主张"忌刚用柔"。处方取一贯煎之意，方中麦冬、沙参、山药、黄精、秫米养胃阴；知母、川楝子泻肝胃之热；煅瓦楞子制酸护胃；茯苓、甘草淡渗健脾。知补者能知泄，方尽立方之妙。

案例5 沈某，男，35岁。

2个月前有胃痛、呕血，胃镜检查提示复合性溃疡。刻下：饥饿时胃痛发作，进食后减轻，症状逐渐加重，后出现进食前后均痛，现时感嘈杂、饱胀、大便稀烂。证属脾失健运，痰火内生。治以清泻痰火，祛瘀健脾。处方：凤凰衣9g，琥珀屑9g，炙马勃9g，象贝18g，柿蒂18g，杏仁泥18g，野蔷薇花9g，花粉9g，血余炭9g。共研细末，每服1.5g，每日3次。食前服。

二诊：诸证较前减轻。现予健脾益气方剂，与前方先后进服，以助培本。处方：党参60g，怀山药60g，鸡内金60g，煅龙骨30g。共研为散，每次服3g，每日3次。

按： 此乃溃疡病，饥饿痛，得食则减，为中虚之象。痛觉渐剧，甚至呕血为久痛胃络受损，瘀血内停；嘈杂、饱胀、大便稀烂为脾胃虚弱，失于健运，进而生痰。方用花粉、柿蒂、杏仁泥、象贝以清痰火、护胃缓痛；血余炭、马勃、琥珀等通络、活血、止血。凤凰衣护胃制酸，野蔷薇花清热顺气。二诊加用健脾益气之品，为治本之意。

案例6 吴某，男，46岁。

无论进食量多量少，均感胀满难忍，腹中雷鸣，大便难。此为脾胃功能失调。证属脾失健运，气机阻滞。治以健脾益气，行气通便。处方：升麻9g，炙番木鳖3g，黄芪15g，莪术3g，广木香6g，怀山药12g，党参12g，生白术12g，鸡内金9g，明雄黄3g。共研细末，每次服1.5g，每日2次。

按： 此方用升麻助参、芪补气升提；鸡内金协助山药、白术健脾益气。为治本。用莪术、木香行气；明雄黄整肠，是治标。全方补泄共举，标本同治，相得益彰。

案例7 朱某，女，38岁。

胃脘部疼痛，数日不愈，进食后可稍好转，移时又作，脉细。证属寒邪犯胃，饮食停滞。治以温胃散寒，消食理气。处方：炮附块9g，延胡索12g，薤白头12g，生枳实12g，鸡内金12g，谷麦芽各9g，荜茇9g，椒目5g。

二诊：腹痛明显缓解。处方：附块6g，党参9g，补骨脂9g，橘红6g，苏子（包）12g，荜澄茄9g，白术9g，远志5g，粉甘草3g，半夏9g。

按： 证属胃寒，治以温通健运，补骨脂有"温暖水土，消化饮食"的作用。再加党参、白术，作为胃痛好转之后的善后补益之剂。

案例 8 王某，女，54 岁。

半个月前胃镜检查提示浅表性胃炎伴糜烂。刻下：胃脘部疼痛，程度不剧，得按则舒，并不呕吐噫哕。证属肝胃失和，气机不畅。治以理气和中，调和肝胃。处方：川楝子 9g，延胡索 12g，杏仁 18g，甘松 6g，川椒目 5g，罂粟壳 12g，旋覆花（包）12g，台乌药 9g，香橼皮 9g。

二诊：自觉心神不安，则胃脘痛起，重按则舒。处方：延胡索 12g，全当归 9g，杏仁泥 15g，小茴香 3g，远志肉 12g，旋覆花（包）9g，罂粟壳 12g，细辛 2.4g，炮附块 5g，香橼皮 9g，良附丸（吞）9g。

三诊：胃脘痛缓解，进食后胀滞不适，上膈隐痛，此为胸痹。处方：薤白头 12g，生枳实 9g，全瓜蒌 12g，香附 9g，延胡索 12g，大川芎 6g，木香 5g，半夏曲 9g，乌药 9g，娑罗子 9g，佛手 6g。

按：此为神经官能症胃痛。治以理气止痛。三诊时上膈隐痛，为"胸痹"之证，加薤白、枳实、瓜蒌等以宽胸下气。

案例 9 刘某，女，46 岁。

反胃呕吐 10 余天，食后 1 小时乃吐，伴泛酸，无腹痛。证属胃阳不足，气机上逆。治以温胃理气，降逆止呕。 处方：吴茱萸 6g，旋覆花（包）12g，川椒目 5g，橘皮 6g，苏子（包）12g，白茯苓 12g，姜汁数滴，姜竹茹 5g。另：生半夏 9g，公丁香 3g，赤石脂 9g，煅瓦楞子 9g，共研细末，食前吞少许。

按：食后 1 小时乃吐，有饮食，伴有泛酸，为胃阳不足，无法腐熟水谷，故以温胃降逆。

案例 10 王某，女，54 岁。

半个月前亲人去世。刻下：情志郁结，无法进食，食入即吐。证属肝气犯胃，胃失和降。治以制肝降逆，和胃止呕。处方：淡吴萸 2.4g，春砂壳 5g，旋覆花（包）9g，佩兰梗 9g，白蔻仁（后下）3g，苏子（包）9g，云苓 12g，杏仁泥 9g，佛手片 6g，伏龙肝（煎汤代水）30g。

二诊：呕吐甚至呕血，兼有白痰酸液。处方：云茯苓 12g，怀山药 9g，阿胶珠 12g，柏子仁 12g，知母 9g，桑白皮 9g，生艾叶 5g，肉桂末（分 2 次吞）0.9g，生侧柏叶 18g，煅瓦楞子（先煎）30g。

按：此案一诊用降逆制肝、和胃止呕之品，方从旋覆代赭汤化出。二诊因呕吐过甚而呕血，转以养胃止血为主。

案例 11 李某，男，56 岁。

10

昨日呕吐物如赤豆沙，今日呕吐停止但感剑突下胀闷不适。证属胃气不足，胃失和降。治以补气益胃，降逆消痞。处方：党参9g，生枳实9g，怀山药9g，川连1.5g，全瓜蒌12g，云苓12g，陈皮6g，谷芽9g，姜竹茹5g。

按：呕吐后出现胸中痞闷不适，为胃气已伤，胃失和降之象。方用党参、山药补益胃气；枳实、川连、瓜蒌降胃气之逆，乃消补兼行之意。

案例12 沈某，女，55岁。

知饥不能食，进食后感胃脘饱胀感，时有泛酸，苔腻。证属胃阳不足，湿浊不化。治以温补胃阳，化湿泌浊。处方：淡吴萸2.4g，荜茇9g，制川椒2.4g，炮姜5g，薤白头、生鸡内金、谷芽、麦芽各9g，广陈皮、佛手片各6g。

按：古人以能食不运为脾病，知饥不欲食为胃病。本例苔腻为胃阳不足，湿浊不化之象。胃阳不足故不能腐熟水谷，因此食入即胀。

案例13 庄某，女，37岁。

泄泻每日4～5次，排便不畅，脐周隐隐作痛，苔白。证属脾虚中寒，气机瘀滞。治以温中实脾，消食导滞。处方：炮附块4.5g，杭白菊9g，熟锦纹6g，炒防风6g，薤白头9g，生艾叶4.5g，炒枳实9g，山楂肉9g，地枯萝9g。

按：苔白，腹部隐痛，为脾虚中寒之象，故用附子、艾叶以温之；泄不爽，为内有积滞，阻碍气机，故用大黄、枳实、薤白、山楂、地枯萝以消导之。

案例14 柴某，男，45岁。

病泄泻4周未愈，多则每日7～8次，少则2～3次，便溏而臭。证属湿热积滞。治以清热利湿。处方：淡子芩9g，炒白芍9g，粉甘草3g，黑防风9g，煨木香4.5g，陈皮4.5g，飞滑石（包）9g，车前子12g，白槿花12g。另：山楂炭18g，研细末，每次服3g，每日3次。

按：大便溏泄而臭，为内有湿热积滞，切不可固涩。本方取法故谓"利小便即是实大便"。

案例15 杨某，女，67岁。

长年便秘，每周1行，质地干结。证属血少津枯，大肠失润。治以养血润燥。处方：当归12g，桑椹子15g，杏仁泥24g，黑芝麻15g，杭白菊9g，火麻仁12g，制首乌12g，糖炒山楂9g。

按：年迈气血亏虚，治当补益。方用首乌、黑芝麻、桑椹补血养阴；杏仁、火麻仁润肠，山楂行滞。

案例16 蔡某，女，35岁。

两目发黄，小便短赤，热势起伏，渴欲饮水，左胁痛。证属阳黄湿热化火。治以利湿清热退黄。处方：绵茵陈30g，金银花15g，嫩白薇12g，鲜生地（打汁冲）60g，马鞭草15g，全瓜蒌9g，玄明粉9g，泽泻12g，车前子15g。

按：叶桂云"阳黄之作，湿从火化"。方用大剂鲜生地汁养阴凉血；合金银花、白薇以清热泻火；用大量茵陈与车前子、泽泻、马鞭草相伍，以清利湿热退黄；用瓜蒌、玄明粉通大便，使湿热之邪从下窍而出。方中茵陈一味，既能发汗清湿热，又能利水去湿热，为治疗黄疸要药。

案例17　陈某，男，65岁。

肝区压痛，小便色暗黄，两目发黄，低热。证属湿热内蕴，肝气郁结。治以清热利胆，行气利水。处方：桑白皮9g，白薇12g，赤白茯苓各9g，广郁金4.5g，小蓟9g，地骨皮9g，茵陈9g，蒲公英9g，玄明粉9g，泽泻12g。

按：本案用茵陈、蒲公英、桑白皮、地骨皮泻热利胆；二苓、泽泻利尿；小蓟凉血散瘀；玄明粉泻热通便；郁金行气散结。

第二节　囊萤映雪习岐黄

在校读书期间，为了达到自己的目标，老师非常刻苦用功，往往比别人早起一个半小时，每天早上六点就起床，独自一人到学校后门浙江图书馆静僻的树底下去诵读医学经典。平时除了日常上课和参加学校安排的活动外，只要一有空几乎都是去学校的门诊部及浙江省中医院、杭州市中医院门诊部跟知名专家抄方、讨教。每逢星期日，当别的同学都结队外出游玩时，老师就拜访何任、何少山、吴颂康、马莲湘、蒋文照等名家，讨教学习中的疑惑、临床遇到的问题。不少名医被老师肯学肯钻的精神所感动，把自己祖传秘方及临床经验毫不保留地教给老师。

如此以往，寒暑更迭，老师醉心学医转眼已是一年，当时学校为了更好地让学生体验生活，全体师生停课参与到文化活动中去。此时老师学业初成，已经初步掌握了常见病、多发病的中西医结合治疗；作为当时积极努力学习的学生，老师仍一心一意地致力于学术研究，并一直以治病健身为己任；同时他也非常尊重名老专家，向他们学习；这些老专家被老师真诚求学的精神所感动，也将自己的毕生所学倾囊相授。老师随诊学习期间，也保持一贯的习惯，留取病历、综合分析；并整理了诸多医学名家的验方，以兹后辈学习。

在向何少山老先生学习期间，何老严格的辨证施治，灵活的配伍用药，给周老师留下了深刻的印象。何老先生有着严谨的治学作风，每治一病，必仔细记录医案，用药平正轻淡，取效甚佳。由于何老对于妇科用药尤为擅长，对于如何辨证论治有着独到的见解和成功的经验，周老师每每遇到疑惑就会立即去向何老询问，经常在何老家中一坐就是好几个小时，多次的促膝交谈，对他的启发极大。念及他路途遥远，后来何老干脆约定每周六晚为他及师承女儿何嘉琳授课，老师因此欣喜不已，每次都提前到达，将之前学习中的疑惑——记录询问，多有所得。"学无止境"，每次学习都会至深夜甚至凌晨，何老也会悄悄拿出家中稀有的营养品——奶粉，为老师补充营养，每念及此，老师总是感慨，定当勤恳为医，才不负何老的知遇之恩。

第三节 程门立雪觅真知

经过多年的中医学习和临床实践，老师越来越感到中医的博大精深，也更想学习更多的理论和进行实践研究，以形成完整的疾病治疗康复、防病保健体系。在勤求古训、博采众长的基础上，老师想向更多的名医学习，但当时的交通并没有那么发达，为了进行更多的临床实践学习，老师经常要徒步四五里地，去各位名医家中学习讨教，当时的通讯也没有那么发达，有时名医不在家中，他也效仿程门立雪，一等就是几个小时，只为等到大家指点。

由于周老师经常在门诊跟诊，为患者答疑解难，很多患者也对老师有了相当的信任，他至今仍记得在跟师抄方期间所主诊的第一例患者，当时老师抄方已足有四年，也积累了相当的临床经验，所从的专家也对其医学造诣有了一定的肯定，遂决定在取得患者同意并有指点的情况下安排其诊疗，当时接触到的患者为肝性腹水患者。该患者来时自诉肿自足部起，逐渐波及腹部，按之石硬，其人嗜酒多年，疑为肝性腹水。脉无变异，面目无浮肿。老师详细询问病史后，认为证属瘀血阻滞，水液内停。治以活血化瘀，利水消肿。处方：槟榔 9g，制黑丑 9g，莱菔子 9g，昆布 15g，五灵脂 9g，桃仁泥（冲）12g，粉丹皮 9g，粉萆薢 9g，泽泻 9g，土牛膝 15g。方中槟榔、黑丑、莱菔子行滞破结；萆薢、泽泻利尿行水；桃仁、五灵脂、昆布、丹皮活血化瘀、攻坚散结；土牛膝引浊阴下行。患者服药 7 剂，收效明显，带教老师深以为是。

记得有一年的冬天，天气特别寒冷，刚刚过完年，老师就离家归校，希望学习更多的知识，刚巧碰上院内有一位头痛患者，大年初二就来院要求治疗，而当时神经内科的医生又恰好不在，老师眼见患者痛苦异常，心中也十分着急，急匆匆地赶了十几里路到吴颂康吴老家中寻求帮助，恰巧吴老不在，老师就在门口等候，足足在冰天雪地中等待了五个多小时，一直到吴老归家。老师几乎也已变成了一个雪人，吴老闻言也立即与老师一同来院救治患者，经过及时处理，患者好转离院。周老师始终如一，一心学习为民的精神，也深深打动了临床的老中医。

通过多年的学习，老师在专业上已小有所成，每逢寒暑假回家，也有不少村里甚至村外几十里、几百里外的人慕名赶到老师家里看病，不少患者因疗效好，给老师送红包，但老师总是本着一心为民除疾苦的初心，一概不收。

第四节　博采众长纳菁华

老师 1965 年进入浙江中医学院学习，适逢特殊年代，但其上秉岐黄之志，下怀济民之心，学业未敢荒疏半分。常诵吟药性、汤头于清早，抄录书卷、手稿至深夜。"焚膏油以继晷，恒兀兀以穷年"。且受教于潘国贤、魏长春、蒋文照、何少山等老一辈名医大家，既学其博，又学其专，择其善者而从之，5 年的院校学习收获颇丰。

一转眼 5 年的学校生涯已过，老师在这 5 年期间不仅专业更上一层楼，其思想品质也得到了全校师生广泛的认可与赞许。在学校时，老师每学期的期末考试每门功课均在 96 分以上。到了 1970 年临近毕业，时值浙江中医学院 1969～1970 届全体毕业生均须在 6515 部队学军锻炼一年。在整个锻炼学军时期，唯有老师与卢良威、谢翠珠其他两位老师因在学校读书的 5 年时间内在各方面表现均非常优秀，赢得了社会和部队领导及全体同学的一致认可，因此被推举抽调到由部队领导参加的清查办公室，整理全校同学的档案工作。同时，老师因各方面表现优秀，从小学、中学到大学都是同学之中向党团靠拢最积极的一个，在 1974 年党的生日这天光荣地加入了中国共产党，成为全年级第一个加入中国共产党的优秀分子，同时周老师也是全年级第一个晋升主任医师、教授、博士生导师的人，第一个被省政府评为浙江省名中医的人，第一个被国家五部委评为国家级名老中医的人，全年级唯一被国家中医药管理局委任为全国名老中医药传承工作室导师的人。老师入党后的几十年内一直在医院担任党支部书记及科室主任，直至 65 岁时才退居二线。在老师担任浙江省中医院内科党支部书记及肿瘤大科科主任期间，他把当时仅有 25 张床位的一个小科室发展成为一个拥有 130 张床位的一级大科、浙江省重点学科、国家级重点学科、全国青年文明号先进集体；老师所领导的内科党支部参加全院的各种比赛均名列前茅，如文体方面，在全院革命歌曲大比赛中荣获第一名，后又代表浙江省中医院去参加浙江中医药大学的比赛并荣获第二名，在每年的各种体育比赛中也取得了优异的名次。因为各方面突出的成绩，党支部也被评为浙江省先进基层党组织。

　　"学无止境"，即使毕业分配到工作岗位后，在工作期间，老师仍边工作边学习，不断提升自我修养及专业水平。在大学毕业刚参加工作后，无论在门诊还是病房值班，老师都深深地感受到临床工作中光是靠中医理论治病和学校毕业实习时学到的一点点医学知识远远不能满足临床工作的需要，尤其遇到很多急诊患者时，如急性肠胃炎、急性上消化道大出血、严重心律失常、中风脑出血、重度肺部感染、高热惊厥、呼吸衰竭、心力衰竭、心肌梗死、糖尿病酮症酸中毒等内科急症患者，这便使老师暗暗地下定决心一定要设法去浙江大学医学院（原浙江医科大学，后同）及浙江大学医学院附属第一医院、浙江大学医学院附属第二医院进行西医从理论到临床的系统进修和提高。各级领导看到老师平时突出的工作表现和全心全意为人民服务的精神，以及被老师迫切要求上进的拼搏精神所感动，都支持他外出进修深造。因此大学毕业后近五年，他分别到省市的各大医院和浙江大学医学院进行从理论到临床各系统各科及急诊胃镜肠镜方面深造与提高；先后到浙江省中西医结合医院、杭州市中医院、浙江大学医学院附属第一医院、浙江大学医学院附属第二医院临床进修。同时，进修期间还曾四次参加了全国急诊抢救学习班的学习。还于 1980～1982 年参加了浙江大学医学院和浙江省医学会主办的西医内科进修提高班的系统学习，结业时总考的成绩相当优秀，分科成绩为：内科 95分、传染科 98 分、神经科与精神科 90 分。在浙江大学医学院附属第一医院、浙江大学医学院附属第二医院临床各科和传染科进修期间，老师还专门向浙江大学医学院附属第一医院王怀德院长、彭清壁大内科主任、全国知名的内分泌科主任童钟杭教授及浙江大学医学院附属第二医院钱可大、吴佩娟两位大内科主任进修学习了纤维电子胃镜和肠镜相关技术，向大内科主任王元伟、

李兰娟教授等进修了心血管、感染科及内分泌科相关理论，使他从理论到临床各科的知识得到了大大的提高。

虽然老师经过了多年的西医临床各科理论和临床急诊胃镜、肠镜的学习，基本掌握了各种疾病包括急诊抢救的流程和治疗；但他总感到学无止境，故为了更进一步地提高自己，老师又于1985年参加了浙江大学医学院举办的内科进修提高班的再深造，并以全班第二名的优异成绩顺利毕业。因工作需要，1987年浙江省中医院又再次选送他到全省主治医师更新提高班进行中西医再深造，通过一年的全脱产学习，老师最终以各科全优，全班第一的成绩毕业。在老师进入肿瘤科工作后，经常感觉自身对于肿瘤的相关知识、化疗方案、处理方法与国内国际的先进水平还存在一定的差距，为了更好地开展工作，提升专业技能，1989年老师又一次参加了由卫生部在北京举办的全国首届肿瘤进修提高班，进行了一年全脱产的学习，老师又以精诚的医德、优秀的表现被有关领导及全国各地的同行学员推举为全国首届肿瘤进修提高班临时党支部书记及进修提高班的班长。在北京参加全国首届肿瘤进修提高班期间，他除了上课外，还拜师于广安门医院的全国肿瘤界知名国家级名医余桂清教授、北京中医院全国肿瘤界泰斗郁仁存教授及中日友好医院全国知名肿瘤界国家级名医张代钊教授，并经常到他们所在医院去跟师抄方或到他们家中去讨教。因老师是进修班的班长又特别肯学，他们都把各自几十年的临床经验和各种肿瘤治疗的协定处方毫不保留地传授给老师。因此在那一年的学习中，老师学到了不少书本上学不到的临床经验方，也为后来的临床工作起到了很大的指导作用。正是因为老师这种勤学不倦的精神让其博采众长，他在各方面均有了稳步的提高。

无论是在大学期间治疗的患者，还是在浙江省中医院坐诊诊治的患者，抑或是慕名前来家中诊病的乡亲，老师都予以精心的诊断和治疗，并取得了良好的效果，甚至是被其他医生确诊为"不治之症"的患者，在老师的精心治疗下痊愈。有些患者为感谢老师，向其表达数万元"谢意"时，均被老师一一婉拒。老师的这些感人事迹曾被多家媒体报道。他就是这样，本着一颗"治病救人"之心，行医50年，在自己的工作岗位上尽职尽责，将其拳拳的赤子之心奉献给国家和人民。

老师的学术思想源于《黄帝内经》。他精研《金匮要略》，效法李东垣、朱丹溪、刘完素、叶天士等古代名家，师承吴颂康、何任、何少山等近现代名医大家，师古而不泥古，善承前人之长而发挥新意，衷中参西，在长期大量的医疗实践中，形成了别具特色的疾病观、诊疗思路及遣方用药方法，最终形成了以见病知源、审证求因、治病求本，四诊合参、明辨是非、理法精准，方无死方、法无定法、圆机活法，循序渐进、因势利导、随证治之，整体调节、脾肾为本、虚实为先，局部治疗、详察病理、诸因明辨等为主要思想的理论体系。

（钱 玥 罗鼎天）

第三章

声名鹊起

第一节 夙兴夜寐治顽疾

老师大学毕业后，在医院早期临床工作的几年中，无论从门诊到病房，再到急诊会诊，深感学校读书及毕业临床实习所学到的中西医知识远不能满足临床工作的需要。故此，他一次又一次地先后前往浙江大学医学院附属第一医院、浙江大学医学院附属第二医院、浙江省中西医结合医院及全国各种急诊抢救学习班进行进修学习，知识更新了又更新、深入了再深入。在多年的从理论到临床进修学习更新后，他在临床工作中无论是内科系统还是其他一些相关的疾病诊断、鉴别诊断及治疗用药都能得心应手，尤其是各种急危重病症的诊治抢救水平得到了极大的提高。在自己临床、理论水平极大提高的同时，他还经常在病房查房或查房后给下级医师授课提问，这使得当时肿瘤科的下级医师在各种疾病尤其是各种急危重病症的抢救诊治水平也得到了极大的提高。

老师于 20 世纪 80 年代末在医院肿瘤科工作，当时浙江省各大医院在全国 70 年代才建立不久的肿瘤专业均尚属空白，而浙江省中医院是当时最早成立肿瘤专科的综合医院，所以当时肿瘤专科知识不可能从省内进修获得，只能依靠自己买书学习，并在临床实践。因为中医院收治肝癌比较多，所以老师与当时省内的放射界权威、浙江省中医院放射科主任钱明山等积极合作，开展经皮肝穿刺动脉栓塞化疗和康莱特栓塞化疗，亦取得良好疗效。但是，晚期患者除了姑息治疗，还必须结合抗肿瘤治疗，主要是化疗，这方面浙江省内当时并无系统性研究。1989 年 5 月，老师便报名参加了卫生部在北京举办的全国首届肿瘤进修提高班。因为扎实的基本功、突出的工作能力和乐于奉献的精神，老师被任命为班长兼党支部书记，向全国著名中医肿瘤泰斗郁仁存教授等学习，系统而完整地学习了恶性实体瘤的诊断治疗，使其肿瘤内科理论、临床知识进一步完善，对恶性肿瘤的化疗方案运用与不良反应的预判和处理更加得当。

　　回医院工作之后，随着化疗的广泛开展，老师能更多地观察到化疗的毒副作用，并发现患者容易出现肝肾损害、骨髓造血功能也容易受到抑制，最明显的是患者白细胞和血小板的下降，使患者不得不中途停止放化疗，严重地影响了放化疗的疗效。但当时各种西药，如利血生（利舍平）、泼尼松、白细胞介素 -11 等治疗放化疗后所致血小板减少症，疗程长、疗效差、服后不良反应又大；或者价格高昂，患者经济上难以负担。所以老师打算在化疗后的血液毒性方面进行深入研究，经文献检索后老师发现，虽然当时国内外也曾有人以中成药治疗本病，但疗效也不理想，疗程又长，观察病例数又较少，很难说明问题。因此，老师认为不断寻找能升高血小板，既能减轻放化疗后毒副作用，又无其他任何毒副作用，且低廉高效、服用方便的中成药，是一项很有临床意义和临床实用研究价值的课题。他根据吴颂康教授的经验和自己的临床体会，提炼出了升血小板合剂和升白合剂两个经验方，在科室反复运用和改进，取得了良好的疗效。他又进一步把这两个处方上报医院并作为院内制剂使用。为了进一步阐释这两个方剂的作用并发现其机制，他决定申报课题资金研究，为此他专门从老家把自己的妹妹叫来，请她和夫人一起带当时年幼的女儿。而自己则白天利用一切空余时间到图书馆查阅资料，抄录下来或者借阅回家，晚上回家后关起门来专心整理资料、撰写科研标书，基本上天天写到凌晨一两点，然后第二天继续上班。最后，老师先后写了《升血小板冲剂治疗恶性肿瘤放化疗后血小板减少症的临床疗效观察及制剂研究》及《升白冲剂治疗恶性肿瘤放化疗后白细胞减少症的临床疗效观察及制剂研究》，并中标浙江省教育厅、浙江省中药管理局课题并获得资助，随后初步确定了这两个院内制剂的处方和制备工艺，完成了制剂研究的主要部分；紧接着进行了安全性及稳定性试验，并着重进行了临床疗效的研究观察，包括制剂的临床疗效分析、与安慰剂随机双盲研究及与西药组对照研究等。最后结果表明，升血小板冲剂、升白冲剂组方合理、制备工艺成熟、口服安全无毒。应以塑料袋包装，于常温干燥处保存。它们不仅有良好的升血小板、白细胞作用，而且均有同时提升白细胞、血小板和血红蛋白的作用，还能改善放化疗后所出现的一些毒副作用，通过随机双盲法研究提示，治疗组升高

浙江中医临床名家·周维顺

血象作用与对照组相比有非常显著差异，几乎无副作用。

鉴定组成员将它们与目前国内同类技术比较，经检索后，发现目前国内外尚未见有本制剂的临床疗效及制剂研究的报道，当时得出本成果属国内领先的结论。

另外，当时因为中医院特色，收治了大量的肝癌、胰腺癌、晚期恶性肿瘤等不能手术的患者，这些患者病情复杂，治疗困难。老师夜以继日地在各大图书馆查阅相关资料，并请教前辈，系统地掌握了中西医结合治疗肝癌、胰腺癌和其他各种恶性肿瘤的方法并付诸实践，获得了丰富的临床经验，亦治疗了大量的病例，并应邀作为浙江有线电视台《健康直播室》的顾问，通过电视、报纸向广大患者进行相关知识的宣讲，获得了良好的社会效益。

而因为在肿瘤科常常可以看到肝硬化导致肝癌的患者，所以他也重视肝硬化的主要并发症——肝硬化腹水，认真翻阅古籍和查阅现代文献，终于在肝硬化腹水和肝癌腹水的治疗中积累了丰富的临床经验。

肝硬化腹水相当于中医学的鼓胀，临床上治疗比较棘手，其基本病机是肝、脾、肾三脏功能失调，气滞、血瘀、水饮互结于腹中，特点是本虚标实，因此在治疗上应该攻补兼施。但临床治疗上须灵活掌握攻伐和补正的力度，脾肾阳虚和肝肾阴虚的应以补虚为主，祛邪为辅；证偏气滞、血瘀、水饮者应以祛邪为主，补虚为辅。总之，补虚不忘实，泄实不忘虚。

在肝硬化腹水治疗方面，首先，他重视益气健脾行气。现代医学认为肝硬化腹水主要是由肝脏严重受损、肝血循环障碍、门静脉高压、低白蛋白血症引起的。中医认为肝硬化腹水的形成与脾气亏虚、肝气郁滞有密切关系。因脾主运化，脾气亏虚，运化无力则水湿内停。肝气郁滞，疏泄不利，"气滞水亦滞"，亦可致水湿内聚。腹水形成后，既可阻滞气机，使肝气疏泄不利；又可困阻脾胃，脾失健运而水湿内停愈重，形成恶性循环。故老师在治疗腹水时，时刻注重气机的调畅，脾气亏虚的补益问题。因此，在治疗上重视以健脾补中、益气行气为主。常用白术、茯苓、薏苡仁、冬瓜皮、大腹皮、香橼等药以健脾运湿、行气利水。重视活血利水，关于血瘀与水停古代文献中多有论述，如《灵枢·邪客》曰："营气者，泌其津液，注之于脉，化以为血。"说明津液是血的物质基础和重要组成部分。正如张仲景《金匮要略·水气病脉证并治》谓："经为血，血不利则为水。""血分者，因血而病水也，水分者，水病而及血也。"指出了水血为病的相互影响。清代唐宗海强调水血有"相为倚伏，互相维系"的生理特点，有"水病不离血，血病不离水"

的病理机制，指出"但去瘀血，则痰水自消"的治则，喻昌在《医门法律》说"胀病不外水裹、气结、血瘀"，明确指出血瘀与水胀的关系。腹水是肝硬化的中晚期并发症，老师认为，肝主疏泄，调畅气机，又主藏血，调节血运，肝气易郁，气郁则血行受阻，易致气滞血瘀而水停。因此治疗肝硬化腹水宜通过活血化瘀，消除血脉瘀滞，以达到利水消肿的目的。这就是《黄帝内经》所谓"去苑陈莝"的治疗原则。故老师提出应首重活血化瘀，而不能一见腹水，即行攻利，瘀血不除，今日攻去，明朝复聚，徒伤正气，贻误病机。在活血化瘀药物的选用上，老师很少选用三棱、莪术之品，多选用丹参、赤芍、白芍、郁金等平和之药，活血不伤正，养血不滞血，祛瘀的同时兼养肝，祛瘀生新，瘀血化除，血脉通利而腹水逐渐消退。

其次，他还强调必须调理肺、脾、肾。老师认为，对于肝硬化腹水伴胸腔积液的患者，五脏中宜着重调理肺、脾、肾。肺主气，司呼吸。肺气宣达肃降，才能通调水道，下入膀胱；脾主运化，升清降浊；肾主水，司开阖，肾阳的温煦具有调节体内水液输布与排泄的作用。肺虚则气不化精而化水，脾虚则土不制水而反克，肾虚则水无所主而妄行。治疗上常用葶苈子宣肺气，白术、茯苓健脾气，肉桂温肾气。

老师认为最重要的是医家必须要辨病辨症、中西合参，中医的优势在于从整体出发，辨证论治；而西医重视疾病的局部变化，长于辨病，两者各有优势。在治疗肝硬化腹水时应中西医结合，取长补短，辨症与辨病结合，于中医辨症的基础上辨病选药，中西互补，可提高疗效。肝硬化腹水，西医认为是由低蛋白血症和门静脉高压所致，从中医分析多为脾失健运、肝肾不足、血瘀络阻之证，应用健脾利水、补益肝肾之法以提高血浆白蛋白，纠正低蛋白血症；应用活血化瘀、软坚散结之法以和营通络，应用消导利水之法以改善门脉压力。选用药物时，在中医辨证的基础上结合现代医学研究，用药既符合中医辨证又合乎现代医理。用白术、丹参、黄芪、山茱萸、枸杞子既可健脾益气、滋补肝肾，又具有升高白蛋白和纠正白/球蛋白比例的作用；用鳖甲、甲珠既可软坚散结、平肝消癥，使肝脾回缩，又具有抗肝纤维化的作用；用当归、丹参、赤芍既可活血化瘀通络，又可降低肝门静脉压力和抑制肝纤维化。这样中西有机结合，既符合中医辨证论治用药，又合乎现代药理，从而提高了肝硬化腹水的疗效。

正是靠着这样啃硬骨头的精神，老师刻苦地钻研临床中一个个如肝癌、胰腺癌、化疗后骨髓抑制、肝硬化等临床很多医生束手无策的顽疾，让他在

临床上也渐渐得心应手，渐渐地在患者和同道当中名声显著。

（刘振东）

第二节　送医赠药显仁心

　　老师祖上曾行医救世，目前老家的正厅墙上仍高高悬挂着"济世为民"的匾额。虽然老师自 20 岁开始即离开家乡，外出问道求学，后又留在省城工作至今，但"行医施药不为钱，治病救人永为先"的祖训一直铭记在心。踏上临床工作岗位后，老师总是时时刻刻为患者着想，总想着尽自己最大努力、想方设法让患者花最少的钱解决身体上的疾苦，这一干就是 50 多年，幼小时"行医救人"的赤子之心却始终如一。

　　老师曾殷切地和跟诊的弟子们说，据《礼记》所记，尧舜时代天下大同，鳏寡孤独废疾者，皆有所养，其中疾者"有所养"不仅包括供养，也包括免费医疗，反映了当时社会中人们具有博大胸怀的人文理念，且代代相传。到现代，这种理念也不应被遗忘、被废弃。在临床中对贫困患者提供免费医疗的，除了政府、慈善家，还应有怀着一颗仁心的医生。老师告诫我们在继承和发展伟大的中医中药特色技术的同时，更要注重中医人文精神的传承。他还引经据典地教导弟子，希望弟子们能效法先贤，始终存有精诚仁和之心。例如，东汉名医张仲景在任职长沙太守期间，曾在衙署坐堂行医，为百姓免费看病；唐代名医孙思邈，年轻时在陕西太白山研读医书，亲自上山采药为老百姓免费治病，成名后朝廷屡次征召，他都不赴任，继续在民间行医。"大医精诚"即出自其所著《备急千金要方》之绪论，被后世誉为中国式"希波克拉底誓言"，他倡导医者"不得恃己所长，专心经略财物，但作救苦之心"，"救苦"就是对贫困患者的免费医疗；再如三国时期的名医华佗、元代名医朱丹溪等。

　　在言传的同时，老师亦时常予以身教。记得 2004 年冬天的一个早上，我第一次跟随老师上专家门诊，和平常一样，老师一刻不停地接诊完 70 余名患者后，正准备起身洗手喝口茶，这时眼神犀利的他发现诊室门口有位穿着整洁朴素、年龄大约 60 多岁的老妈妈一直在徘徊，还时不时地向诊室里张望，看到老师后眼睛里充满了惊喜和期待，但瞬间脸上又露出了难色。老师凭着记忆想起来这是一位来自龙游的患者的母亲，曾经陪同 40 多岁的儿子来就诊过几次。她的儿子很年轻，是家里的顶梁柱，但因为工作过于劳累，饮食没有规律，半年前一次突发上腹痛伴呕血，在龙游当地医院检查发现为晚期胃恶性肿瘤，而且已经有了腹腔的转移灶，失去了手术的机会。面对西医化疗等昂贵的治疗费用，患者抱着试一试的心态慕名找到了老师，想通过中医中药来控制病情。记得患者第一次来门诊时，患者由妈妈陪同进入诊室，面容憔悴、形体消瘦，情绪低落，双手不停捂着时时隐隐作痛的肚子，其母亲陪在一旁也是满脸的愁容，老师先开导他要保持良好的心情，千万不要放弃，随后通过望、闻、问、切诊疗后，为其开出了 14 剂中药，嘱其药吃完后及时复诊。经过老师几次门诊中药治疗后，患者腹痛已经缓解，胃口也逐渐恢复，脸上露出了久违的笑容，家属也对治疗充满了希望。想到这里，老师赶紧主动走到诊室外面，将老妈妈接入诊室寻问缘由。原来因为患者家庭经济状况原因，其已无法支付治疗费用，且已停药 1 周。老师明白了事情的原委，开始询问患者最近的情况，情绪、体力、脸色、胃口、大小便、睡眠等一一详细询问后，经过仔细斟酌开出中药方，同时又从自己的钱包里拿出 500 块钱一并交给我，然后又拿起电话打给中药房，督促他们看到该患者名字的处方后帮忙尽快抓药。老妈妈看到老师不仅不收诊金，还自己掏钱给儿子买药，感动得泣不成声，连声说着谢谢，直夸老师是"救苦救难的活菩萨"！

像这样的事迹在老师的从医生涯中不胜枚举，当患者来晚了挂不到号，当患者因差钱而配不到药，当患者支付了医药费却少了回家的路费时……老师总是义不容辞地伸出援助之手。

由于工作繁忙，老师只有逢年过节才能抽出一两天时间回乡探亲。老师自小成长在农村，他深知偏远地区农民生活的疾苦。为了生计，村里大部分年轻人都外出打工赚钱，村里多为留守老人和儿童，从村里到镇上有二十多里路，到县城更远，出行十分不便，村里唯一一个卫生院是村民们看病的首选点，但是村里卫生院的设施简陋、药品配备不齐全，医疗服务能力相对落后。每次回家探亲时，老师总是要到村里的卫生院去看看，问问当地医生平时有什么诊疗方面的困难，有哪些常见病、多发病，并且经常传授他们在缺乏检查设备下临床诊疗的经验和思路，针对现有的条件如何治疗。卫生院的医生们平时缺少进修学习深造的机会，都十分尊重老师，每次老师一回家都会主动上门讨教。

村里的百姓们都知道老师在省级医院是知名专家，平日里看门诊挂号都非常难，每次听说老师回乡探亲了，方圆十里家中有身体不适的人都会慕名而来，咨询求教的问题有内科的、外科的、骨伤科的，甚至是妇科、儿科的。老师总是详细地询问病史，仔细地做体格检查，耐心地解答他们的疑惑，告

诉他们平时生活上、饮食上、工作上的注意事项，需要进一步检查治疗的则告诉他们下一步该怎么做，从不收取任何报酬。

记得有一次，一位年轻的母亲带着7岁的女儿来找老师，她说女儿有一天放学回来直喊肚子痛，但是既不发热，也不恶心、呕吐，大小便都正常，家里人都很担心，村里卫生院的医生也找不出什么原因，以为吃坏东西或肚子受凉了，医生给了一些缓解痉挛的药吃，女儿当天好一点了，但是经常反反复复说肚子痛，每次休息一下、吃点药就会缓解，也就没去医院检查。但是最近2个月发现女儿的小腹部莫名其妙的偏大。听说老师回家了，女孩母亲就立刻把女孩带过来请老师诊断。老师听完这位母亲的陈述后，把小女孩叫过来让她平躺下来，检查发现女孩的小腹部有一个直径约10cm的肿块。于是和女孩母亲说，估计是个良性的肿块，首先考虑囊肿或畸胎瘤可能，需要手术治疗。女孩的母亲听后悬着的心落下了。由于女孩年龄尚幼，当地医院的医生觉得麻醉和手术还是颇有难度，老师知晓后立刻帮助联系相关专家，一下子就解决了女孩父母到省级医院看病难的问题。

现在老师已年过古稀，虽已退居二线，为了帮助广大肿瘤患者，依然在工作岗位上兢兢业业，只有逢年过节老师才会给自己放个假。每到新春佳节老师依然会安排两天时间回家乡看看，当地的父老乡亲每到老师回家前夕就会打电话预约找老师咨询看病的时间，老师从不推脱。记得2018年春节，老师一路奔波三个多小时，暮色降临时抵达了老家。刚准备坐下一家人吃团圆饭，一位老汉骑着三轮摩托车飞速地开到了院子里，虽是冬天却依然满头大汗，嘴里直呼着："周医生，周医生，回来了没有，快救救我老伴吧！"老师听到后立马起身走到外面问发生什么事情，老汉说他老伴在家突然昏倒不动了，老师想救人要紧，顾不得是否安全，坐上老汉的三轮摩托就朝他家赶去。一路上老师开始询问情况，老汉说："老伴平日里身体都蛮好的，除了有一点高血压，其他都很正常。"老师问："高血压有没有按时吃药？"老汉回答："平时都还好的，偶有头晕的时候吃药。"老师让他把当天晕倒前的情况说一下。听完老汉的话，老师心中已经知晓了几分。到达老汉家中，看到老汉的妻子躺在地上，口中冒着白色唾沫，口角向左侧㖞斜，呼之不应，老师说她极有可能是高血压引起脑出血中风了，叮嘱家属将患者的头侧过来，清除口中的异物防治窒息，赶紧送县城医院检查颅脑CT，赶快抢救。经过县城医院急诊颅脑CT检查证实是脑出血，幸亏老师判断准确及时送医院抢救，该老人经过治疗后已经出院，通过后期的康复锻炼生活已能自理，2019年春节老师回家乡时老汉全家人还专程登门致谢。

老师不仅关心自己家乡的亲人们，对周围的同事也非常和蔼可亲，平易近人，在科室里对同事们的工作和生活都非常关心。一天早晨，老师在带领病区医生、护士进行主任查房过程中，发现一位平时工作踏实、为人勤恳的护士精神有点恍惚，询问其所管辖的患者生命体征基本情况时，连续叫了好几声她才回应，老师从直觉上认为她肯定碰到什么问题了。等查房结束，老师请和这位护士关系比较好的另一位同事到科主任办公室了解具体情况，通过询问才知道这位护士年仅12岁的儿子因为反复鼻出血刚在医院血液科检查出来患有白血病，正在楼上病区住院治疗。老师立刻就联系血液科的主任了解病情及治疗方案，知道目前做骨髓移植是最佳治疗方案，但是移植的治疗费高昂，而且需要家人的配合照顾。而这位护士家境一般，夫妻双方都是单位的普通职工，收入有限。面对移植的昂贵费用和治疗风险，患儿家属尚未决定采用血液科推荐的治疗方案。了解情况后，老师立刻召开科室医护人员会议，组织科室内自愿募捐献爱心，伸出援助之手。同时作为党支部书记的他，又在支部党员中发起号召，鼓励大家发扬党员的先锋模范作用，发扬"有难大家帮"的精神，为这位护士募捐。消息传开后，老师鼓励大家帮助困难同事的事迹得到了医院领导和广大职工的一致认可，全院各科室的医生和护士都自发掀起了募捐献爱心的活动。当老师以支部的名义将募捐的数万元钱送到该护士手中时，这位护士感动得热泪盈眶，连声感谢老师，不停地说医院大家庭真温暖。

数十年来，老师不仅关心和照顾身边的亲友、同事，对其他贫困地区的老百姓们也经常送去温暖。他在担任党支部书记期间，多次组织支部党员、支部所属科室的专家团队到浙江省的偏远地区进行义诊，为当地百姓赠医送药，让他们在家门口就能享受到省级医院专家团队的医疗服务，每次都获得百姓们的称赞。

老师的一位学生毕业后分配到嘉兴市第二医院工作，发现当地的肝癌、胃肠道肿瘤高发，患者大部分是当地的农民，由于担心大医院昂贵的诊疗费用，很多患者治疗时已经是晚期了，许多老百姓都迫切希望能用中医中药的方法改善生活质量、延长生存期。但是由于毕业不久，学生的临床经验相对欠缺，每每向老师求助。老师退居二线后，不辞辛苦，主动提出来每周安排一天去该院坐诊，帮助学生提高中医药防治肿瘤的能力，为当地的肿瘤患者送去了福音。

老师总是跟弟子们说：患者离不开医生，医生更离不开患者。任何一个医生，如果没有人民群众的认可，就无立足之地；如果没有广大人民群众的认可，他就不可能在医术上有所发展，更不可能在医药行业大有作为。他总教导弟子们要做人民医生，要有好的人品，要有科学的世界观、人生观和价值观，要有为人民多做奉献的思想意识，把苦、累、怨留给自己，将乐、安、康送给患者。数十年来，老师始终践行着这份仁心仁术，传播着医生大爱无疆的精神。

（王苗娟）

第三节　夜以继日救疾苦

老师自1965年以优异的成绩考入浙江中医学院后，通过5年的刻苦学习，不仅在专业上得到了提升，在自身的思想道德修为上也得到了广泛的认可与赞许。进入浙江省中医院工作后，老师在这个不言休息、不言苦、不言累的环境里，夜以继日地工作，一干就是50年。

记得老师刚踏入临床时，在科室里几乎每天都是第一个到岗，最后一个回家。做住院医生时，老师几乎每天晚上都待在医院里，他总是在上级医生查房前就先查一次房，将患者检查结果、用药后的情况、新出现的症状一一了然于心，待上级医生查房时逐一详细汇报，为患者提供最佳的治疗方案。晚上其他医生都下班回家了，老师总要再查一次房，看看患者们的情况。记得有一次他在夜间查房过程中，突然发现一位患者不停地咳嗽，口唇发绀，而床边的陪护恰好不在，老师看到心电监护仪上的血氧饱和度直线往下降，立马意识到该患者可能是窒息了，立即启动抢救模式，呼叫值班护士，通过护士负压吸痰等一系列抢救后，患者的情况略有稳定，但是氧饱和度却依然不到90%。当时老师作为年轻医生，立马向上级医生和科主任汇报，给该患者安排急诊纤维支气管镜检查，果然在呼吸道内发现了异物，通过及时的治疗患者终于转危为安。老师作为年轻医生，对患者全心全意的付出让患者倍感安心，也得到了上级医生的一致认可。

在住院医生工作期间，老师总是白天工作，夜间学习，不断提升自己的临床专业技能，老师毕业于中医院校，深知自己西医临床知识方面相对欠缺，1985年老师参加了浙江大学医学院举办的内科进修提高班，1987年老师又参加了由浙江中医学院主办的全省主治医师更新提高班，正是因为老师这种勤学不倦的精神让其博采众长，在各方面均有了稳步的提高，他也以更大的热情投身于临床工作中。

恶性肿瘤是一个非常可怕的疾病，人们都是谈癌色变，一旦被确诊为恶性肿瘤，似乎人生就被宣判了死刑。临床上也没有一个恶性肿瘤患者的治疗之路是容易的，癌症的治疗既需要患者的勇气和信心，也需要家人的支持与关爱，更需要医生的责任感与过人的医疗技术。老师自小就有攻坚克难、锲而不舍的倔强性格，越是困难越要砥砺前行，因此老师毫不犹豫地选择了肿瘤学作为自己专业的研究方向。1989 年老师参加了由卫生部在北京举办的全国首届肿瘤进修提高班，临床业务能力得到了进一步的提升。进修结束回到医院工作后，老师熟练运用中西医结合综合治疗的方法，为每一位恶性肿瘤患者制订个性化的诊疗方案，取得了良好的疗效。

2007 年 5 月，患者沈先生因为肺癌脑转移来到医院专家门诊，老师通过询问，了解到患者在 2005 年 7 月查出肺癌，因为左肺肿瘤比较大，不适合手术切除，医生建议化疗。几次化疗下来，肿瘤得到了很好的控制并且缩小，于是沈先生进行了左肺肿瘤切除手术，术后又进行了几个周期的化疗和局部的放疗。但是治疗结束后一年，沈先生便出现了肿瘤脑转移。这次就诊医院没有更好的诊治方法，建议患者去上级医院看看有没有更好的治疗方案。于是，沈先生跑遍省城多家医院都没有较好的结果，其中某肿瘤医院的医生告诉沈先生可以找有治疗肿瘤经验的中医试试。最后患者找到老师为其诊治。老师综合评估了患者的情况，决定采用西医免疫治疗，结合中药治疗的方法，经过 3 个月连续治疗，患者复查发现肿瘤并没有继续生长，于是对治疗充满了信心，每周固定到老师专家门诊就诊，原本以为活不到一年的他，至今仍带瘤生存着，创造了医学的奇迹。

像这样的案例不胜枚举。曾经有一位姓金的女患者，31 岁，女儿才 5 岁，因为大便发黑，伴有上腹腹痛，在绍兴当地医院胃镜检查发现胃部肿块，考虑胃癌可能，随后进行了胃大部切除术，术后病理提示胃低分化腺癌伴淋巴结转移。医生建议术后进行化疗 6 个周期，化疗期间患者身体极度虚弱，乏力头晕、胸闷气短、无法进食、头发脱落等症状困扰着她。在短短 2 个月之内，金女士体重减轻将近 15kg。为了控制肿瘤，患者仍然坚持将化疗进行到底，但是化疗后身体依然极度虚弱，经常恶心、干呕、食欲极差、腹泻等，最终导致卧床不起。患者丈夫看着心疼，最终来寻求中医治疗。患者由丈夫背着找到老师专家门诊时，形体极度消瘦，面色苍白，胃纳极差，每天只能进食

少量米汤，两颧潮红、口干、大便不通、舌红而干、脉细弱，老师决定单用中药进行调理。治疗 1 个月后该患者两颧潮红、口干、舌红而干、脉细弱都有所缓解，胃纳较前增加，腹胀大便不通基本缓解；经中药调治 3 个月患者已能起床活动，生活能够完全自理了，老师的中药治疗燃起了患者和家属的信心，5 年时间里金女士坚持每 2 周到老师门诊诊治。金女士自己都不敢相信，从一开始需要丈夫背着进入诊室，到自己一个人来诊室；从一开始的愁眉苦脸到 5 年后的满脸笑容，金女士回想自己的辛酸历程，不禁喜极而泣，老师以精湛的医术挽救了一个又一个患者和家庭。

在长期肿瘤内科临床过程中，老师发现几乎所有的患者在化疗结束 5～7 天后会出现不同程度的白细胞减少、血小板下降的情况，有些患者甚至因化疗而引起骨髓再生障碍，这是化疗不可避免的毒副作用。许多患者需要依靠集落刺激因子促进骨髓造血功能，以维持相对正常的血三系水平，但是也有些患者因为化疗后严重骨髓抑制最终不能完成整个化疗疗程，使肿瘤得不到良好的控制。面对这种临床常见情况，老师在中医中药这个伟大的宝库中不断探索，他根据中医理论——肾主骨生髓、脾为后天气血生化之源、肝主藏血，认为化疗后血三系（白细胞系、红细胞系、血小板系）减少与肝、脾、肾三脏息息相关，他通过长期临床用药摸索和积累，创造性地发明了升白冲剂、升血小板冲剂，在临床化疗患者中应用取得了良好的治疗效果。通过长期的临床实践，老师总结出了一个又一个验方，如抗肺癌合剂、抗肝癌合剂等，它们均是老师临床经验和智慧的结晶。

良好的临床治疗效果树立了良好的口碑，越来越多的恶性肿瘤患者慕名前来，老师更加忙碌了。他总是看完门诊，还要回到到病房继续查看收治的患者。记得有一次，门诊快结束时来了一位晚期胃癌的患者，老师看他面色苍白、虚弱的样子，建议他住院治疗。患者同意了，跟随老师一起到病房办理手续。刚刚到达护士站办完手续安排好床位不久，护士急忙来叫老师，说该患者吐了很多鲜血，突然神志不清了。老师立刻组织在场医护人员投入紧急抢救，开放静脉通路、保持呼吸道通畅……生与死的较量就这样开始了。由于患者没有家属陪同，在短短的几分钟内，老师立刻联系家属，汇报医院领导、医务科等有关部门，迅速召集消化科业务骨干，请求在必要时给予积极援助，并全力以赴投入抢救：快速补液，肾上腺素注射，持续胸外心脏按压……通过老师和护士们竭尽全力、齐心协作抢救，最终患者的病情逐渐趋于稳定，神志恢复了正常。该患者经住院治疗 3 个多月后，病情稳定，平安出院。患者家属们专程送来了锦旗。老师经常夜宿医院，对患者倾注了全部的爱心，医患之间建立了一种深厚的感情，让"生命之花常开，生命之树常绿，生命之灯常明"。

而就在老师抢救这位患者期间，家中年仅 6 岁的女儿发着高热却没能照顾。老师曾对我们说，女儿出生以来，他的大部分时间都奉献给了医院，陪伴女儿的时间非常少，每天出门时女儿还在睡觉，当晚上下班回到家时女儿已经入睡，他都不记得女儿大概什么时候学会喊"爸爸"、大概几个月学会走路了。曾经有一次他下夜班，白天忙完所有的事情后，已经是下午三点多了，老师心想着，女儿就在医院附近的小学读书，这个点应该差不多快放学了，刚好过去接她给她一个惊喜。来到校门口，却忘了女儿就读的是哪一班级，于是就站在校门口等待，可直到几乎所有的学生都走光了，还没有见到女儿的身影，老师忍不住给家里打了个电话。想不到接电话的正是女儿稚嫩的声音，还伴随着咳嗽声，老师这才知道，就在老师昨晚夜班时，女儿发热、咳嗽得很厉害，白天请假了，而他又错过了。虽然女儿就在离老师工作的医院 500m 的地方上学，但是长长的 6 年中，因为工作的繁忙，老师没有一次接送孩子上学、放学，就连本该休息的日子——双休日也未曾接送女儿上课外兴趣班，因为老师在休息日还是会到医院查房，看看患者的情况，不去医院的时候，也经常是出差参加各类会诊或学术会议，其中的辛酸是我们都能深切感受到的。

时常黑白颠倒的紊乱作息，催老了老师青春的面孔；抢救患者的日夜，折磨着他健康的身心。在这紧张的工作中，老师不能有丝毫的马虎和慌乱，即使很多时候得不到患者的理解，老师也从不和患者争吵，他总是晓之以理，用临床的实际疗效来说服患者和家属。

在肿瘤临床研究中，老师非常注重与同行间的学术经验探讨和交流，连续五届任中华中医药学会肿瘤委员会及浙江省肿瘤学会副主委及顾问，同时还连任全国及世界与肿瘤相关的其他七个学会副会长。虽然现在已年过古稀，每年的学术年会老师却从不缺席。老师总是告诫弟子们，恶性肿瘤患者作为社会的特殊群体，他们的身体正承受着病痛的折磨，他们的心里也许正充斥着孤独和绝望，所以他们需要我们及其亲人朋友给予心理上的关心和鼓励，他们更需要我们用精湛的医疗技术去解除生理上的痛苦。现代医学对肿瘤的研究日新月异，新的检查手段、新的治疗方案、新的治疗药物层出不穷。例如，最早只有一个靶向药物，现在多个疾病有多个靶向药物，还有一代、二代、三代……。老师叮嘱我们一定要不断学习，西医现在在用的一些治疗方案，

长期积累数年后，通过循证医学大数据的研究可能随时会被淘汰，所以我们一定要紧跟国内外现代医学学术研究发展的前沿。他告诫我们一定要多走出去参加学术会议的交流，一方面可以推广自己认为成功的治疗方案，另一方面可从别人的经验中汲取营养，纳为己用，造福于患者。

由于长期忙碌于紧张的工作和面临巨大的心理压力，老师50多岁时出现了高血压，睡眠情况也不是很好；但即便如此，当时已近花甲之年的他对恶性肿瘤治疗的摸索却从未放弃。老师总是说，虽然现在我们的生活水平提高了，医学发展也很快，但是由于环境污染、老龄化程度的加速和不良的生活方式（如饮食不节制、长期熬夜、工作压力及吸烟等），在这些复合因素共同作用下，恶性肿瘤的发病率逐年增长，肺癌、胃癌、肝癌、肠癌及女性乳腺癌、宫颈癌等发病率居高不下，已经成为中国人群死亡的首要原因，是目前中国主要的公共健康问题。如何降低肿瘤的发病率和死亡率，做到早期筛查、早期发现、早期干预，是现在医学研究的重点。老师认为在肿瘤内科临床工作中，除了研究如何治疗，更重要的是要去钻研如何预防。

祖国医学早在几千年前就在《黄帝内经》中提出"不治已病，治未病"，这是古代医家防治疾病的大智慧及哲理升华。2006年世界卫生组织将肿瘤定位为可控慢性疾病，肿瘤的发生需要很长的过程。在此期间既可以预防，又可以通过检查早期发现，早期治疗，彻底治愈。目前恶性肿瘤发病率高、病程复杂、治疗方法多、预后不理想。老师对弟子们说，恶性肿瘤的发生是内因和外因共同作用的结果，其根本原因是正虚，这与现代医学肿瘤免疫功能低下的理论是不谋而合的。把治未病理念应用于肿瘤学领域，一是培养正气，提高机体的抗癌能力，未病先防；二是已病早治，既病防变，防治肿瘤转移；三是瘥后调治，防止肿瘤复发。针对肿瘤生长的特点，利用古人实践中的方法和经验，防治恶性肿瘤具有重要的指导作用。

老师非常强调中医中药在恶性肿瘤防治中的作用，认为中医治疗恶性肿瘤首先应重视扶正祛邪、顾护正气。据老师介绍，他对单纯接受中医治疗的患者用清热解毒类具有抗癌作用的中药辨证论治，重视健脾益气补虚；如果是手术后的患者则配合健脾生血法；针对接受化疗的患者可用健脾醒胃、降逆止呕的方法，佐以补气生血；针对接受放疗的患者可用养阴生津或滋阴补肾进行调摄。中医强调整体观和辨证论治，一人一病一方，根据肿瘤患者的情况，不同的人因所患恶性肿瘤部位和分期、病理不同，治疗时机、治疗经过及配合治疗方法（如手术、放射或化疗等）不同，还要考虑到不同地域影响不同的体质及个体，选用哪种疗法由辨证来决定。采用个性化、针对性用药，不但可以快速地缓解患者的痛苦和症状，也可以达到标本兼治的效果。现代医学已经证明，中药能延长患者生存期，使患者症状得到控制，生活质量得到提高，很多已经被西医判为"死刑"的癌症晚期患者，经中医治疗后瘤体不再疯狂生长，患者身体逐渐好转，长期带瘤生存。

"医者父母心，杏林天使情"，从医50余年来，老师对患者们总是日夜牵挂，就像父母对孩子般关心，全心全意默默地付出。虽然老师只是中国千百万医生中平凡的一员，但是他所做的事情却很伟大，他有着美好的品质，总是一切想着患者，一切为了患者，一切服务患者，在一件件看似平凡的工作中彰显"大医精诚"。

（王苗娟）

第四节　大医精诚人心向

凭借高尚的医德医风、过人的勤奋、勇于探索的精神，在名医大家的垂教和临床实践中，老师逐渐形成、丰富、发展了自己的学术思想，并得到了业界一致的认可和肯定。

1995年，时任浙江中医学院院长朱鹏飞及学院党委有关领导、杨继荪及何任两位老院长、学院副院长范永升，浙江省中医院院长肖鲁伟、医院党委书记吴良村等领导，浙江省省委常委、政法委书记、公安厅厅长兼党委书记斯大孝，浙江省委常委、省委办公厅主任俞文华，以及浙江省委常委、温州市市委书记董朝才，浙江省民政厅厅长兼党委书记张林耕等省委领导集体推荐周维顺老师赴浙江中医学院担任副书记兼副院长。并且浙江省省委组织部、浙江省教育厅厅长兼党委书记陈文绍还专门派了浙江省委考察组到浙江中医学院及浙江省中医院询问主要有关部门的领导，对老师进行综合考察，有关的领导及基层干部群众对老师的方方面面都做了高度的评价、肯定和赞扬。老师以考察全优的成绩通过考察，也一并附上老师所在肿瘤大科科室领导也是医院党委书记吴良村主任亲笔签名的推荐材料，报浙江省省委常委审查讨论，但因中央组织部刚向全国各省委发了一个有关提干的文件，根据文件精神：各级党委提拔干必须按照台阶提拔，且每个台阶最少要2年，但老师年少有为，以他当时的科局级领导资历只可提处级，绝不能跨越副厅级干部。因此当时

浙江省省委常委讨论未能通过，但对老师各方面的表现都非常肯定和认可。当年的浙江中医学院党委书记徐福宁受浙江省委组织部及浙江省教育厅党委书记陈文绍的委托，在浙江中医学院为宋光济老师开追悼会的那天上午七点，特别邀请老师到办公室谈话，当时徐书记还泡了菊花杞子茶给老师喝，说浙江省委常委因上述原因讨论未通过，但告知浙江中医学院党委打算在浙江省中医院下届改选时任命老师担任医院副院长、副书记。老师因专心于学术与临床，当即拒绝，要求仍在临床一线，婉言谢绝了徐福宁书记的想法和决定。

次年浙江中医学院党委换届改选时，浙江省中医院原有党员 800 余名，但经多轮严格无记名投票后，有 6 名党员得票最多，他们被推荐到浙江中医学院作为学校党委换届改选的候选人，可详见学院党委换届改选时候选人选票，孙秋华、周维顺、叶圣雅、裴昌林、朱祥丽、宋康，这六人中其他五人原来就是浙江省中医院党委成员，唯有老师仅是大内科基层党支部书记。由此可见，医院内 800 余名共产党员对老师工作、品德、绩效各方面的认可和绝对信任。2017 年金华卫生和计划生育委员会要求在浙江中医药大学名中医中挑选九位最优秀的名中医作为金华市的师承导师，后经过浙江省中医院及浙江中医药大学党政领导反复研究、讨论，推荐了方剑乔校长等九位最优秀的名中医作为金华市的师承导师，老师就是这九位中的其中一位。

在老师担任浙江中医药大学附属浙江省中医院党支部书记，院教、职代会主席团常委兼肿瘤科主任期内，为浙江省中医院争得了不少荣誉：①老师所在党支部被浙江省委评为浙江省高校先进基层党支部。②肿瘤科被卫生部团中央评为全国文明号先进集体。③肿瘤科被评为省级及国家级重点学科。④肿瘤科年年均被评为 A 级科室。⑤全院革命歌曲大比赛支部荣获第一名，后又代表浙江省中医院去参加全国中医药大学比赛荣获第二名。每年的各种体育比赛均名列前茅。⑥ 1989 年卫生部在北京举办全国首届肿瘤进修提高班时，老师被选和被任命为班长和临时党支部书记。⑦老师本人也连续五届任中华中医药学会肿瘤委员会及浙江省肿瘤学会副主委及顾问。⑧同时还连任全国及世界与肿瘤相关的其他七个学会副会长。⑨在医院工作期间，曾连续九年分别被评为浙江中医学院和浙江省中医院的先进工作者、优秀教师和优秀党支部书记。

几十年来，老师为医院争得了不少荣誉，也为医院建设作出了极大的努力，贡献了自己的青春和智慧。

（钱　玥）

第四章

高 超 医 术

第一节　细心调治降癌王

临床上常常可以听到肝癌和胰腺癌被称为"癌王"，确实，这两种癌起病都比较隐匿，多数患者发现时已是晚期，而且该病发病迅速、对放化疗都不敏感，缺乏有效治疗手段，往往只能最佳支持治疗，所以它们目前是恶性程度最高的恶性肿瘤，民间常常把它们并称"癌王"，是中西医肿瘤学界的两大拦路虎。西医对于不能手术的胰腺癌和肝癌方法不多，疗效也不佳，但中医却能明显改善患者生活质量，提高其生存期，所以中国患者往往在患病后来中医门诊就诊。老师门诊和病房也收治了大量胰腺癌和肝癌患者，因此积累了丰富的临床经验和体会，他除了运用中药汤剂治疗，还会根据临床需要收治患者住院行中西医结合治疗。

胰腺癌根据发病的部位不同可分为胰头癌、胰体癌和胰尾癌，其中胰头癌最常见，有90%来源于胰腺的导管细胞，其余来自胰腺腺泡。其临床特点是病程短、进展快和死亡率高，几乎所有患者在诊断明确时已是晚期。文献报道该病五年生存率不到3%，中位生存期仅3个月，预后极差。老师对该病的认识同目前的中医学界一致，认为胰腺癌可大致归属于中医的"腹痛""黄疸""结胸""癥瘕""积聚""伏梁"等病范畴。其发病可能与糖尿病、吸烟、慢性胰腺炎、高脂饮食、基因遗传等因素有关，而且其发病与生活方式关系密切，是"生活方式癌"。胰腺癌早期可无明显症状，随着病情的进展而出现腹痛、腹泻、消瘦、黄疸等消化道症状。目前，手术治疗是早期胰腺癌的最好治疗方式，然患者在出现临床腹痛、黄疸等临床症状时，大多已进入中晚期，早已错过了最佳治疗时机，所以提高胰腺癌初期的诊断率是目

前科研工作者的重要研究方向。对于中晚期的患者则常采用放疗、化疗、靶向等综合治疗以改善生活质量，延长生命。中医药与西医治疗可起协同作用，可减少手术、放化疗副作用，提高机体抗病能力，在治疗与巩固疗效，促进、恢复机体功能中起到辅助作用，可有效地改善患者生活质量。

在临床治疗上，胰腺癌中医辨证论治方面因为在临床症状表现上大多数时间与肝癌类似，所以辨证治疗上亦以疏肝理气为基础治疗，结合活血化瘀、清热解毒、健脾益气治疗，多能取效，达到延年之目的。而由于查阅中医相关资料和文献中都没有明确记载"胰腺"一词，亦未有其相关生理功能论述，而现代生理研究证实胰腺具有内分泌和外分泌功能。无论是胰腺外分泌的胰液，还是胰腺内分泌的胰岛素、胰高血糖素等，都是要通过胰管、淋巴管、血液等输送到胰腺腺体之外而非贮存于腺体内，若上述不能转运至胰腺腺体之外，则可引起胰腺炎等病症。因此，老师认为胰腺正常的生理功能在于"通"，因其处肝脾之间，与胆、十二指肠相连，乃中焦之中，易受相关脏腑影响，而出现痰浊、湿热、瘀血阻滞以及腹痛、腹胀、黄疸、腹泻等症状。所以老师临床上治疗胰腺癌时，辨病论治常常以仲景之四逆散为主方加减，以条畅气机、调和肝脾为治法，其基础处方具体如下：炒柴胡12g，炒枳实12g，炒白芍15g，肿节风30g，三叶青12g，猫人参12g，猫爪草12g，猪苓、茯苓各15g，生薏苡仁、炒薏苡仁各30g，炒谷芽、炒麦芽各30g，炙甘草6g。在辨病论治的基础上再结合辨证论治，比如若湿热证候偏重，可配伍半枝莲、白花蛇舌草、海金沙、茵陈等药；若瘀血证候较重，可配伍炙鳖甲、土鳖虫、穿山甲等；若气滞证候明显时，可配伍大腹皮、厚朴、莪术、沉香曲等；若气血亏虚时，可配伍生晒参、黄芪、党参、女贞子、黄精、灵芝等；若有阳虚证候时，宜减苦寒药量，加肉苁蓉、巴戟天、补骨脂等药。

而在辨证论治方面，老师认为胰腺癌治疗可以大致参考中医的"伏梁""黄疸""腹痛""痞块""癥积"范畴。它的发病机理主要是由正气内虚、邪毒内结所致。七情内伤致肝脾受损，脏腑失调，气机不畅，导致痰湿内生，久郁化热，进一步使气、血、痰、瘀、毒内结，久留不去，渐成肿块、癌瘤。我们运用祖国传统医学对胰腺癌进行治疗，亦必须在整体观念指导下辨证论治，根据不同证型采用不同的治则和方药，老师认为胰腺癌常见临床证型有以下几个。

第一个常见的证型是气滞血瘀型，本类证型常见恶心呕吐，呃逆，胸腹胀痛，疼痛不移，腹中可触及包块，形体消瘦，面色不华，在女性则常常伴有月经量少或经闭，舌质青紫或瘀斑，脉弦或涩。其治则是以活血化瘀、理气止痛为主，佐以软坚散结。老师治疗该证型的常用基础方是桃红四物汤化裁，常常选用赤芍、红花、延胡索、香附、炮山甲（代）、丹参、浙贝母、菝葜、八月札、藤梨根等药。

第二个证型是肝郁蕴热型，其临床症状常见胁脘胀满，腹痛拒按，嗳气，心烦易怒，恶心呕吐，发热，黄疸，大便干结，小便色黄，舌质红苔黄厚腻或燥，脉弦数或滑数。对于该证型的治则是疏肝解郁，清热解毒。老师常用的基础方是柴胡疏肝散加减：柴胡、枳壳、香附、延胡索、八月札、白毛藤、白花蛇舌草、菝葜、垂盆草、虎杖、生米仁、浙贝母等药。

第三个常见证型是气血亏虚型，本类证型常因为病久耗伤气血而成，其临床常见症状为面色苍白无华，爪甲苍白，形体消瘦，倦怠，乏力，腹胀疼痛，腹中包块，舌质淡或有瘀斑、瘀点，苔薄白，脉沉细数。本证型常常出现在发病晚期或者早期患者手术后（无腹部包块，仅见手术瘢痕），而对于晚期患者和术后患者应当以益气养血、扶正祛邪为主，故治则为益气养血，化瘀散结。常用基础方是八珍汤加减：党参、黄芪、白术、当归、鸡血藤、枸杞子、熟地、延胡索、八月札、浙贝母、炮山甲（代）、制鳖甲。

至于随症加减方面可以兼顾兼夹症不同而选药不同，如黄疸加茵陈、青蒿、栀子；腹痛加延胡索、青皮、木香、香附、八月札、枸橘李等；痞块明显加露蜂房、天龙、干蟾皮、山慈菇、浙贝、藤梨根等；而出血加茜草炭、三七、蒲黄、白茅根、大蓟炭、小蓟炭等；便秘加大黄、蒲公英、虎杖等；食欲不振可选用炒山楂、鸡内金、六神曲、炒谷麦芽、莱菔子等；腹水加泽泻、车前子、地骷髅、茯苓皮、大腹皮等。

另外老师指出，当胰腺癌患者出现黄疸时，往往是梗阻性的，要十分留心，此时使用中药治疗黄疸，已非单纯的茵陈、栀子、白鲜皮所能解决，必须要求用诸如三七、土鳖虫、西红花、穿山甲（代）等有活血散结退黄之效的药物。

老师遍览相关现代研究论文后认为，中医对本病治疗中经动物实验和临床验证后有肯定疗效的药物主要有大黄、肿节风、茵陈、瓜蒌、拳参、黄芩、栀子、野菊花、菝葜、山慈菇、夏枯草、干蟾皮、半枝莲、蛇舌草、龙葵、猫人参、猫爪草、三叶青等。其中肿节风、灵芝和莪术老师临床辨病运用较多，下面一一介绍。

肿节风是老师比较爱用和推崇用于治疗胰腺癌的一味主药，其味苦辛，性平，具有清热解毒、祛风除湿、活血散瘀的功效，为金粟兰科植物草珊瑚

浙江中医临床名家·周维顺

的全株或根。其主要产地是在我国华东、华南等地区。他在治疗胰腺癌时以本品为辨病的专药、主药，目前临床除了饮片外，还有肿节风注射液用于静脉注射治疗胰腺癌，而在中药处方中，经常配合其他中药辨证治疗。另外肿节风还与牛蒡子、射干、木蝴蝶等药合用治疗咽喉肿痛、慢性咽炎，著名的草珊瑚含片也是该药的典型运用。而该药如果与独活、秦艽、防己等药合用则可以治疗风湿热痹、痛风、坐骨神经痛等，目前临床常用量为 12～30g。

另外一味药莪术为姜科植物莪术、广西莪术和温郁金的根茎。主要产地位于我国云南、四川、广东等地区。其味苦辛，性温，具有行气止痛、破血除癥的功效。《本草备要》说它可："治心腹诸痛，冷气吐酸，奔豚疝癖。莪术香烈，行气通窍，同三棱用，治积聚诸气良"。《医学衷中参西录》中张锡纯说到："三棱、莪术……性皆微温，为化瘀血之要药。以治男子疝癖，女子瘕聚，月闭不通，性非猛烈，而建功甚速。其行气之力，又能治心腹疼痛，胁下胀疼，一切血凝气滞之证。若与参、术、芪诸药并用，大能开胃进食，调气和血。"故老师常把莪术与三棱、香附、山楂、穿山甲（代）合用，主要是治疗癌痛、宫颈癌；如与黄芪、党参、当归、白芍、白术等合用则可治疗胃痛、萎缩性胃炎、腹痛、子宫肌瘤等痛证。临床常用量 6～30g，宜从小量加用，因"气旺方能磨积，正旺则邪自消也"，该药经常合并运用配伍补益正气药物。

而灵芝是老师在几乎所有瘤种都会用到的一味药，它是多孔菌科真菌赤芝或紫芝的干燥子实体，主产于长江以南高温多雨地带。其味甘苦，性平。具有滋补强壮、益肾健脑、补气安神、止咳平喘的功效。老师将本品作为扶正固本药物，与女贞子、黄芪、党参等合用用于各种肿瘤疾病。现代药理研究证实灵芝具有抗肿瘤效应。与柏子仁、酸枣仁等合用以安神助眠；与杜仲、补骨脂、天冬等合用以纳气平喘。常用量 30g，须打碎先煎。

除了中草药，老师在病房还会用中药制剂，如艾迪注射液、华蟾素针、康莱特注射液等治疗胰腺癌患者，尤其是偏爱康莱特注射液。康莱特注射液是我国具有自主知识产权的抗癌中药，其中含有从薏苡仁中提取分离的活性抗癌成分，是由浙江省中医院药剂科原职工、中国工程院院士、浙江中医药大学研究员李大鹏在医院和学校的帮助下研制而成。目前已经在美国完成治疗胰腺癌的 II 期临床试验，并经美国食品药品监督管理局（FDA）评审通过，进入 III 期扩大临床试验，有望成为第一种获准进入美国市场的传统中药注射液。薏苡仁是禾本科植物的成熟种仁，是中国东南地区人们药食两用的植物。

其性甘、淡、微寒，归脾、胃、肺经，具有渗湿利水、健脾止泻、舒筋、清热排脓之功效。而康莱特注射液主要成分是从薏苡仁中提取的薏苡油，是抗肿瘤制剂，许多临床试验均证明它具有诱导肿瘤细胞凋亡，阻滞肿瘤细胞有丝分裂，杀伤癌细胞及提高免疫功能的作用，同时可减轻放疗、化疗的毒副作用，合理地运用于临床可有效缓解疼痛、稳定病情、治疗癌症恶病质，提高癌症患者的生活质量，并在预防肿瘤的复发、转移中具有重要的意义。

而免疫治疗也是胰腺癌的重要治疗手段，老师在临床也积极运用。他认为免疫治疗的原则是免疫治疗必须在手术、放化疗前及手术、放化疗后进行，不能在手术或放化疗期间应用。其机制是因为手术、放化疗时，机体免疫效应细胞也受到严重杀伤和损害，因此，如果此时应用免疫药物治疗，免疫效应细胞就不能发挥最大免疫效应作用。常用的免疫治疗药物有干扰素（如注射用重组人干扰素 A、B），白细胞介素 -2（IL-2），胸腺肽，草分枝杆菌 F.U.36 注射液，注射用甘露聚糖肽，卡介苗（BCG），短小棒状杆菌菌苗（CP），转移因子（TF），左旋咪唑，肿瘤坏死因子，植物血凝素，免疫核糖核酸，康莱特注射液及贞芪扶正冲剂等。

总之，胰腺癌是消化系统常见的恶性肿瘤，大多数胰腺癌患者在确诊时已属晚期，手术的机会大大减少，而单纯放、化疗效果差。因此，进一步研究和探讨放化疗、免疫治疗、中医中药治疗的原则和方法，进一步提高疗效，是直接关系到胰腺癌患者早日康复和最大限度地延长存活期，减少患者痛苦的关键所在。

老师在门诊曾有一个典型的病例，疗效颇佳，可以介绍一下供大家借鉴。患者王某，男，46 岁，皮鞋厂设计师。2007 年因为发现胰腺癌半个月在杭州某三甲西医院行姑息治疗，来医院要求服用中药治疗，来时诉恶心欲吐，腹胀痛，腹中脐上可触及一痞块，拳头大小，表面不光滑，固定不移，无搏动感，按压轻微疼痛，查其面色苍白无华，形体消瘦，舌质暗苔薄白，脉弦。老师辨证为气滞血瘀证，治则采取理气止痛、活血化瘀之法，处方如下：柴胡 12g，枳实 12g，赤白芍各 15g，红花 6g，延胡索 15g，香附 9g，浙贝母 15g，八月札 12g，藤梨根 15g，炙甘草 6g。14 剂，每日 1 剂，每剂煎 2 次，分早晚 2 次温服用。

患者服药 2 个月后再次来复诊，说疼痛基本缓解，无恶心呕吐，但仍然感觉腹胀。上方去延胡索，加川朴、肿节风及消食化积之品，之后一直在门

浙江中医临床名家·周维顺

诊不间断服药共约 3 年，后多次复查超声和 CT 均显示肿块稳定，而且患者无明显不适，但是后来患者因经济压力而往台州某皮鞋厂工作，开药不方便而在当地服药，后随访至第 4 年患者因上消化道出血去世，患者家属表示万分感谢，说疗效出乎意料，而且患者生活质量较高，但老师仍然甚感惋惜。但从临床实践看来，该患者仅仅靠口服中药就能带瘤生存 4 年余而疾病仍稳定无进展和转移，疗效确实堪夸。

另有一个肝癌患者陈某，男，74 岁，退休干部。2012 年 10 月 13 日因 3 个月前右上腹隐痛时作，逐渐加剧，AFP > 700μg/L，B 超示肝右叶占位性病变，诊断为肝癌。因年事已高，患者拒绝手术治疗，选择中医治疗。门诊时患者形体消瘦，述右胁隐痛，神疲乏力，头晕目眩，寐不安，腹胀不适，低热，恶心厌食，舌红少苔，脉细数。辨证属肝阴亏虚，治以滋阴柔肝，活血解毒软坚。药用如下：柴胡 15g，炒赤芍、炒白芍各 15g，太子参 30g，炒白术 10g，半枝莲 15g，白花蛇舌草 15g，猫人参 15g，酸枣仁 30g，山茱萸 12g，生地黄 30g，麦冬 15g，北五味子 30g，夜交藤 30g，合欢皮 30g，猪茯苓各 15g，灵芝 30g，天花粉 12g，炙甘草 5g，7 剂，每日 1 剂，水煎早晚分服。服药 2 周后胁痛大减，乏力减轻，寐转佳，后患者每周坚持门诊治疗，病情稳定。

对于肝癌，老师认为肝癌可分为原发性和继发性两大类。原发性肝癌起源于肝脏上皮或间叶组织；继发性或称转移性肝癌系指全身其他器官起源的恶性肿瘤转移或侵犯至肝脏，一般多见于胃、胆管、胰腺、结肠、肺、子宫等器官恶性肿瘤的肝转移。初期肝癌因肿瘤较小，没有压迫胆管和血管可无明显症状，而随着病情的逐步进展、暴发，逐渐出现乏力、黄疸、腹胀、上消化道出血、腹部肿块、腹水、昏迷等症状。中医学界普遍将肝癌归属于中医的"癥瘕积聚""鼓胀""肝积""黄疸"等病范畴。原发性肝癌的发病可能与病毒感染（HBV 及 HCV 等）、黄曲霉素、酒精、苯并芘等因素有关；而继发性肝癌是其他恶性肿瘤通过不同途径，如随血液、淋巴液转移或直接浸润肝脏导致。目前手术治疗是肝癌的首选根治性治疗方式，不能手术者可考虑介入栓塞化疗或单独栓塞治疗，至于放疗、化疗、免疫治疗等对肝癌效果差，而靶向治疗药物价格昂贵，还存在基因位点突变、耐药等情况发生，疗效不能尽如人意。但是中医药与西医治疗可起协同作用，可减少手术、放化疗副作用，提高机体抗病能力，在治疗与巩固疗效，促进、恢复机体功能中起到辅助作用，可有效地改善患者生活质量。

老师认为肝癌在中医常见于"肝积""腹胀""癥积""腹痛""脾积""黄疸"等病证，其发病病机常常是因为情志内伤（或抑郁或暴怒）、过于劳倦、外感邪毒、饮食不洁，导致脏腑气机失调，日久气血亏虚，进而产生气滞、血瘀、湿热、痰毒等，这些病理产物互结于肝脏就会导致肝脏积聚肿块产生，而郁邪化热日久也会化毒、耗伤津液，导致阴虚内热。肝癌早期表现为邪实正虚，实证为主；晚期表现为气血阴阳受损，虚证为主。其基本病机是肝郁脾虚，气滞血瘀，湿热毒聚，脾气虚弱，肝肾阴亏，气阴两虚。在人体正气虚弱之时，气、血、痰、瘀、毒、湿互结于肝脏而形成肿瘤。

而肝癌早期缺乏特异性症状，若发现肝区痛，腹部肿块，腹胀，厌食消瘦，黄疸，应考虑肝癌可能。但待此症状出现，往往属于中晚期，90%的患者已失去手术可能。故肝癌的诊断还是以病理诊断、肿瘤标志物、影像学的诊断为准。肝穿刺病理活检为侵入性检查，并有可能引发出血或癌的播散。实际工作中以肿瘤标志物检查为先，最突出的当为甲胎蛋白（AFP）。AFP大于400μg/L持续4周，并能排除活动性肝病、生殖腺胚胎癌者，即应从定性角度考虑肝癌的诊断。生殖腺胚胎癌可从体格检查排除，而转移性肝癌一般不产生AFP，少数胃癌会产生低浓度AFP，但一般不会大于400μg/L，即使有AFP浓度较高的，通过胃肠检查亦不难排除。活动性肝病以丙氨酸氨基转移酶升高等作为鉴别；有时肝癌与活动性肝病共存，鉴别困难。近年新采用的AFP异质体检测，用植物凝集素分析AFP的糖链结构，凡小扁豆凝集素结合型AFP>25%者皆应考虑为肝癌。肝癌病例中AFP的阳性率接近70%，其他如GGT Ⅱ、DCP、AFU等标志物尚有很多，但多缺乏特异性，对肝癌诊断价值不大。联合检测数种肝癌标志物可以提高肝癌的诊断率，并可能对AFP阴性肝癌的诊断带来帮助。通常建议采用的是AFP与GGT Ⅱ +DCP的联合检测。在作出定性诊断的同时也应以B超、CT、MRI、放射性核素、肝动脉造影等方法对肝癌做出定位诊断，以确定肝癌的具体部位、癌结节数目和大小。

肝癌依据病理检测分为结节型、巨块型和弥漫型；按照组织学分类为肝细胞型、胆管细胞型和混合型。国际抗癌联盟的TNM分期将本病分为4期。中医临床一般分为4型：即肝气郁结型、气滞血瘀型、湿热结毒型、肝阴亏损型。无论哪一型肝癌发展至中晚期都有可能出现血行或者区域淋巴结转移。

目前对于肝癌的治疗，仍然是以中西医结合综合治疗为主。老师认为，

根据病情的不同，必须灵活地选择不同的治疗方法，如手术治疗、化学治疗、放射治疗、局部消融、中医中药、免疫治疗等。总的治疗原则是：Ⅰ期、Ⅱ期肝癌尽可能手术切除，术后中药调理；而Ⅲ期、Ⅳ期因故不能切除者可行肝移植或局部非切除手术疗法；临床上约90%的肝癌患者确诊时因肿瘤偏大而已经失去了手术机会。这时应以生物、靶向或中医中药治疗为主，结合介入栓塞化疗、射频消融、放射治疗及化学治疗。内科化学治疗方面，单药最常用的是阿霉素（ADM）或表柔比星（EPI），联合用药有DDP+ADM+MMC、EPI+MMC+5-Fu、EPI+HCPT等方案。其他一些新药，卡培他滨、吉西他滨、伊立替康、斑蝥制剂、三氧化二砷在治疗肝癌上也有一定作用。免疫及生物靶向治疗，目前使用的免疫调节剂有白细胞介素-2、干扰素、肿瘤坏死因子；靶向药物如抗血管生成药贝伐珠单抗、多靶点信号传导抑制剂索拉菲尼等。靶向治疗是肝癌全身治疗的新方向，具有广阔的前景。

而中医药疗法方面，老师认为，对肝癌患者进行治疗也必须遵循祖国医学辨证论治的治疗原则。肝气郁结型，治以疏肝理气法；气滞血瘀型，治以行气活血，化瘀消积法；湿热结毒型，治以清热利胆，泻火解毒法；肝阴亏损型，治以养血柔肝，养阴益气法，出血者宜凉血止血。常用的中药有半枝莲、白花蛇舌草、藤梨根、水杨梅根、牡蛎、夏枯草、海藻、昆布、三棱、莪术、柴胡、丹参、芍药、八月札、青皮、郁金、香附、玫瑰花等。临床加减：低热者加青蒿、鳖甲、地骨皮、白薇、银柴胡；高热者加生石膏、滑石；黄疸者加茵陈、姜黄、金钱草；出血者加白茅根、仙鹤草、血见愁；疼痛显著者加降香、延胡索、徐长卿；腹胀者加泽泻、猪苓、茯苓、龙葵；恶心呕吐者加半夏、竹茹、旋覆花、代赭石；腹泻便溏者加炮姜、草豆蔻、苍术、炒扁豆。经药理实验和多年临床验证确认对肝癌有肯定疗效的中草药有半枝莲、白花蛇舌草、石见穿、水杨梅根、藤梨根、斑蝥、乌梅、红花、薏苡仁、青黛、大黄、蟾皮、肿节风、芦荟、莪术、仙鹤草、丹参、红藤、玉米须等；中成药中有肯定疗效的有鸦胆子油乳剂、安康欣胶囊和康莱特注射液、华蟾素片等。老师指出，研究表明中医中药不但能抑制癌细胞DNA的合成，抑制癌细胞的分裂，而且还能提高机体免疫功能，间接地抑制肿瘤生长，促进正常细胞生长，减慢肿瘤的生长速度，改善症状，提高患者的生存质量，延长生存期。中医治疗肿瘤多取活血化瘀、软坚散结、清热解毒的原则，但治疗肝癌则多主张扶正祛邪，疏肝理气，健脾化湿。某些抗癌中药不但

浙江中医临床名家·周维顺

能直接作用于肿瘤细胞，还能缓解症状、消除腹水和黄疸。理气健脾的药物还能改善患者的细胞免疫功能，调节消化，起到间接性营养和顾护正气的作用。

总的来说中医认为肝为刚脏，体阴而用阳，主藏血，主疏泄，其中疏泄是肝脏最重要的生理功能。老师认为疏泄不利是肝癌形成、发展的重要机制，肝脏疏泄不利，则气机不畅，气血津液运行有悖常道，瘀阻络脉，痰阻筋膜，抟结而成肿块，故肝癌的治疗在于疏泄条达。同时我们治疗肝癌不能局限于肝脏病变，必须要做到"见肝之病，知肝传脾，当先实脾"及"损其肝者和其中"。更为重要的是乙癸同源，虚则补其母，调肝不忘治肾。是以在临床上老师执简驭繁，立如下处方作为肝癌的基础治疗方，并在基础方的基础上进行临证加减：柴胡 12g，炒枳实 12g，炒白芍 15g，猫人参 12g，猫爪草 12g，炙鳖甲 30g，柏子仁 12g，肉苁蓉 12g，丹参 12g，猪苓 12g，茯苓 12g，生薏苡仁 30g，炒薏苡仁 30g，炒谷芽 30g，炒麦芽 30g，化橘红 12g，橘络 12g，炙甘草 6g。若瘀血证候明显，可加大丹参、肉苁蓉用量，且可配伍穿山甲（代）、土鳖虫等；若气滞明显，可加入旋覆花、青皮、厚朴、香附、郁金、九香虫等；若湿热明显，可加入茵陈、白鲜皮等；若有腹水，可加入大腹皮、茯苓皮、防己、干蟾皮、地骷髅、蝼蛄等；若阳虚明显，可加入仙灵脾（淫羊藿）、巴戟天、附子、肉桂等；若阴虚明显者，减柴胡用量，加入楮实子、女贞子等。

而老师除了辨证论治，还常常在辨病的基础上加用一些药物，他常用的抗肝癌单药如下。

首先是干蟾皮，本品为蟾蜍科动物中华大蟾蜍或黑眶蟾蜍除去内脏的干燥体。全国各地都可以看到，以南部、东部地区为多。其味苦，性凉。具有清热解毒、利水消肿、祛风止痒的功效。常与白鲜皮、地肤子等药合用治疗各类皮肤瘙痒症。清末名医赵海仙所著的《寿石轩医案》中，常用本品治疗鼓胀、中满，老师承其意，将本品运用于肝癌、肝硬化及各类腹水的治疗。常用量 6g，本品有毒，不宜多用，且应当注意监测心电图和肝肾功能，如有不适及时停药或针对心肝毒性治疗。

其次为九香虫，为蝽科动物九香虫的全体。全国各地区均产。味咸，性温。具有行气止痛、温肾壮阳的功效。《本草纲目》言其主治"膈脘滞气，脾肾亏损，元阳不足"。常与厚朴、枳壳合用治疗脘腹胀满、胀痛；与巴戟天、生晒参、肉苁蓉等合用治疗阳痿。常用量为 6g。老师常常用来治疗肝癌患者的腹胀满、

胀痛，而且胃脘痛也常常选用。

肝癌患者还常常伴有失眠不寐，所以柏子仁也常用，本品为柏科植物侧柏的种仁。我国大部分地区均产。味甘，性平，具有养心安神、敛汗、润肠通便的功效。《药品化义》："柏子仁，香气透心，体润滋血。同茯神、枣仁、生地、麦冬，为浊中清品，主治心神虚怯，惊悸怔忡，颜色憔悴，肌肤燥痒，皆养心血之功也。又取气味俱浓，浊中归肾，同熟地、龟甲、枸杞、牛膝，为封填骨髓，主治肾阴亏损，腰背重病，足膝软弱，阴虚盗汗，皆滋肾燥之力也。味甘亦能缓肝，补肝胆之不足，极其稳当，但性平力缓，宜多用之为妙。"老师常用本品治疗肝病，因其具有辛润之性，既能滋养肝血以养肝体，又能透达郁结之气，以畅气机，集养肝、柔肝、疏肝为一体，并无香燥之性。常用量12g。

最后是楮实子，是桑科植物构树的果实。我国中东部、西南、两广地区均产。味甘，性寒。具有滋肾、清肝明目、健脾利水的功效。《药性通考》："楮实子，阴痿能强，水肿可退，充肌肤，助腰膝；益气力，补虚劳，悦颜色，壮筋骨，明目。久服滑肠。补阴妙品，益髓神膏。"常与菟丝子、女贞子等相合治疗肝肾不足、视物昏花等。《素问病机气宜保命集》载其治疗水气鼓胀，《济生秘览》用其消骨鲠。故老师认为楮实子尚具有滋阴利水、软坚散结的功效，补消相兼，特别适用于肝癌、肝硬化、肾癌等病，常用量 12 ～ 30g。

总之，中医中药不仅能通过抑制 DNA 的合成，抑制癌细胞的分裂，还能提高机体免疫功能，改善症状，提高患者的生存质量，延长生存期。还能增加血流量，改善微循环，减少肿瘤转移，使抗癌药物和机体的免疫活性细胞容易与癌细胞接触，从而提高疗效。部分治疗肝癌的中草药还有直接杀灭癌细胞的作用，尤其对细胞分裂增殖较快的肿瘤细胞抑制作用更明显。而健脾理气药物还具有提高细胞免疫功能，改善蛋白质代谢，调整肠胃消化、吸收代谢的功能，而起到间接营养的作用。从而改善患者的全身状况，阻断了促进肿瘤生长的恶性循环，延长生存期。因此，对肝癌患者只要根据以上治疗，充分发挥中医药整体观与辨证论治的优势，按照辨证与辨病相结合的原则，合理地对患者进行有机辨证，就一定能获得理想的疗效，这是其他放化疗等所不能取代的。

（刘振东）

第二节　中西合璧论肺癌

一、概述

肺癌是原发性支气管肺癌的简称，为起源于支气管黏膜和肺泡壁的恶性肿瘤，主要包括非小细胞肺癌和小细胞肺癌，多见于 40 岁以上人群，男性多于女性，是一种严重威胁人类健康与生命的疾病。目前全球肺癌新发病例数以每年大约 3% 的速率增加。现代医学认为其发生的原因可能与吸烟、电离辐射、化学致癌物、煤的燃烧物、大气污染等外因有关，也与慢性阻塞性肺疾病、营养、细胞遗传、基因异常、精神创伤、情志变化等内因有关。目前肺癌的治疗手段主要有手术治疗、放射治疗、化学治疗、免疫治疗、靶向制剂治疗和中医中药治疗。

二、现代医学对肺癌的认识

（一）肺癌危险因素

肺癌危险因素是指会增加人们患肺癌机会的因素。现代研究表明肺癌危险因素可分为接触有毒有害物质、肺结核病史、呼吸道疾病史、吸烟、精神因素、家族肿瘤史、被动吸烟、接触油烟、饮酒等。

（二）高危人群

有吸烟史并且吸烟指数大于 400 支 / 年、高危职业接触史（如接触石棉）及肺癌家族史等，年龄在 45 岁以上者，是肺癌的高危人群。

（三）临床表现

（1）肺癌早期可无明显症状。随着病情进一步发展，常会出现以下症状：①刺激性干咳；②痰中带血或血痰；③胸痛；④发热；⑤气促等。

（2）当肺癌侵及周围组织或转移时，可出现如下症状：①癌肿侵犯喉返神经出现声音嘶哑。②癌肿侵犯上腔静脉，出现面、颈部水肿等上腔静脉压迫综合征表现。③癌肿侵犯胸膜引起胸腔积液，往往为血性；大量积液可以引起气促。④癌肿侵犯胸膜及胸壁，可以引起持续剧烈的胸痛。⑤上叶尖部肺癌可侵入和压迫位于胸廓入口的器官组织，如第 1 肋骨、锁骨下动静脉、臂丛神经、颈交感神经等，产生剧烈胸痛，上肢静脉怒张、水肿，臂痛和上

肢运动障碍，同侧上眼睑下垂、瞳孔缩小、眼球内陷、面部无汗等颈交感神经综合征表现。⑥近期出现的头痛、恶心、眩晕或视物不清等神经系统症状和体征应当考虑脑转移的可能。⑦持续固定部位的骨痛、血浆碱性磷酸酶或血钙升高应当考虑骨转移的可能。⑧右上腹痛，肝大，碱性磷酸酶、谷草转氨酶、乳酸脱氢酶或胆红素升高应当考虑肝转移的可能。⑨皮下转移时可在皮下触及结节。⑩血行转移到其他器官可出现转移器官的相应症状。

（四）肺癌分期

肺癌 TNM 分期可采用国际肺癌研究协会 2009 年第七版分期标准，见表 4-1。

表 4-1　肺癌的 TNM 分期

原发肿瘤（T）	
T_X	原发肿瘤不能评估，或痰、支气管冲洗液找到癌细胞但影像学或支气管镜没有可见的肿瘤
T_0	没有原发肿瘤的证据
T_{is}	原位癌
T_{1a}	原发肿瘤最大径≤2cm，局限于肺和脏层胸膜内，内镜下肿瘤没有累及叶支气管以上；或局限于气管壁的肿瘤，无论大小，无论是否累及主支气管
T_{1b}	肿瘤最大径＞2cm，且≤3cm
T_{2a}	肿瘤最大径≤5cm，且符合以下任何一点：肿瘤最大径＞3cm；累及主支气管，但距隆突≥2cm；累及脏层胸膜；扩展到肺门的肺不张或阻塞性肺炎，但不累及全肺
T_{2b}	肿瘤最大径＞5cm，且≤7cm
T_3	任何大小的肿瘤已直接侵犯了下述结构之一者：胸壁（包括肺上沟瘤）、膈肌、纵隔胸膜、心包；或肿瘤位于距隆突2cm以内的主支气管，但尚未累及隆突；或全肺的肺不张或阻塞性肺炎。肿瘤最大径＞7cm；与原发灶同叶的单个或多个的卫星灶
T_4	任何大小的肿瘤已直接侵犯了下述结构之一者：纵隔、心脏、大血管、气管、食管、喉返神经、椎体、隆突；原发肿瘤同侧不同肺叶出现卫星结节
区域淋巴结（N）	
N_X	区域淋巴结不能评估
N_0	无区域淋巴结转移
N_1	转移至同侧支气管周围淋巴结和（或）同侧肺门淋巴结，原发肿瘤直接侵及肺内淋巴结

续表

N_2	转移至同侧纵隔和（或）隆突下淋巴结	
N_3	转移至对侧纵隔、对侧肺门淋巴结、同侧或对侧斜角肌或锁骨上淋巴结	
远处转移（M）		
M_X	远处转移不能评估	
M_0	无远处转移	
M_{1a}	胸膜播散（包括恶性胸腔积液、恶性心包积液、胸膜转移结节）；对侧肺叶的转移性结节	
M_{1b}	有远处转移（肺／胸膜除外）	

（五）肺癌的西医诊断

1. 常用物理诊断方法

（1）痰细胞学检查：该方法简便易行，患者无痛苦，适用范围广，可用于肺癌高危人群的普查，一般认为中心型、肿瘤较大者的阳性率高。

（2）X线检查：X线检查在肺癌的筛查和诊断中占有重要地位。胸部正侧位X片不但对于原发肿瘤局部侵犯的诊断有重要意义，而且有助于发现转移性疾病。

（3）CT检查：该方法在20世纪70年代末已广泛用于肺癌分期。其检出率比X线检查高。CT扫描可显示常规胸片难以显示的肺尖、心脏前区、脊柱旁沟、奇静脉食管窝、后肋膈角及靠近胸膜的病灶。

（4）磁共振（MRI）显像：该方法更易鉴别和明确实质性肿块与血管的关系，其对比度、分辨率优于CT，MRI在显示肿瘤与胸膜、胸壁，以及大血管的关系方面具有独特的优势。

（5）PET和PET-CT：PET在肺癌的胸内T、N分期中的准确性高于CT，荟萃分析显示其敏感性为85%、特异性为90%，均高于CT（$P < 0.001$）。CT检查淋巴结肿大者，PET的敏感性为100%、特异性为78%，而CT检查淋巴结正常者，PET的敏感性为82%、特异性为93%。CT为形态学诊断，PET为功能代谢学诊断，两者有互补作用。PET-CT在肺癌的T、N、M诊断中的准确性优于单独CT或单独PET检查。

（6）支气管镜检查：该方法可以观察肿瘤的部位和范围，提取组织进行病理学检查，还可以根据声带、气管和隆突的情况来推测手术切除的可能性，

是诊断肺癌的有效手段。目前荧光支气管镜检查和纤维支气管镜检查正广泛应用于临床。其中纤维支气管镜检查是早期肺癌确诊的最重要手段，能较快确定病灶部位、肿瘤侵袭范围和细胞类型，对手术方式的选择、制订放化疗方案及判断预后治疗效果有重要的指导作用。荧光支气管镜可诊断早期癌或癌前病变。

（7）纵隔镜检查：可对大多数纵隔淋巴结区的转移进行评价，同时也有助于确定肿瘤是否侵犯邻近纵隔组织。纵隔镜检查是诊断纵隔淋巴结转移的金标准。

2. 联合诊断技术

四种血清肿瘤标志物联合检测：肺癌相关的血清肿瘤标志物包括 CEA、SCC-Ag、NSE 和 ProGRP 等。该四种肿瘤标志物联合检测有助于肺癌的早期筛查和诊断，可以避免临床诊断中出现漏诊的情况。但是，四种肿瘤标志物分别进行联合检测的特异性比单项检测时有所降低。

3. 其他诊断

孤立性肺结节（solitary pulmonary nodules，SPNs）单个肺内结节性病变直径＜3cm 者，同时无肺不张、淋巴结肿大者称为孤立性肺结节。文献报道显示 SPNs 中恶性肿瘤占 15%～75%。胸部 X 线检查表现为良性钙化和结节在 2 年内无明显增大者，提示为良性疾病。良性钙化表现为弥漫性、年轮状同心形、中央致密灶及爆米花状。

（六）肺癌的中医诊断

中医诊断本病大多靠症状诊断，如不明原因的顽固性呛咳或胸痛；持续性出现痰中带血或有局限性哮鸣音；或反复发生气急、发热，或伴有进行性消瘦、疲乏等。注意主症，四诊合参有一定参考价值。

1. 诊断要点

肺癌诊断中，细胞学和组织学检查是确诊的依据，影像学、内镜、某些标志物和实验室检查是重要的手段。注意主症，四诊合参有一定的参考价值。

2. 四诊合参

提高警惕，详细进行四诊对早期肺癌的初步印象诊断有一定意义，但不是确诊方法；对晚期就诊的肺癌患者，四诊合参的印象诊断意义则更大些。在肺癌的诊断中，不能忽视本临床技能的运用。

（1）望诊（含视诊）：有胸腔积液者，若积液较多，可见患侧胸廓饱满，下部较明显，肋间隙消失，呼吸运动显著降低；大量胸腔积液时，可见呼吸困难，甚则端坐呼吸及发绀，积液吸收后如有胸膜粘连或增厚则患侧胸廓下陷，呼吸运动受限。一些转移征象（如上腔静脉综合征）也可经过望诊得到初步判断。肺癌有些肺外症状，如杵状指、趾，受累关节肿胀，黑棘皮症，掌跖皮肤过度角化症等，有的可出现在肺部症状前，望诊时要考虑到并注意鉴别诊断。

（2）闻诊（含听诊）：患者可有轻咳，咳声不扬，或咳嗽阵作或少痰或痰黏，结合望诊可见痰中带血丝或咯血；气急息微，语言低微，有的声音嘶哑或失音。单侧性局限性哮鸣音，特别是吸气大于呼气时的哮鸣音，是较有意义的早期听诊体征，但易被忽略。胸腔积液时，呼吸音减低或消失；积液吸收后，如有胸膜粘连或增厚则呼吸音减弱。

（3）问诊：肿瘤的问诊十分重要，它有利于发现某些癌前症状并对人进行筛选，并可做出初步印象诊断。肺癌亦不例外，需要详细询问有关情况。

（4）切诊（含触诊、叩诊）：部分肿瘤患者（如有胸腔积液者）可见左右脉大小不匀（右脉大于左脉或左脉大于右脉）。有胸腔积液者，叩诊可呈实音；积液吸收后如有胸膜粘连或增厚，叩诊可呈轻度浊音，语颤增强。

三、现代医学治疗方法

1. 手术治疗

手术切除是肺癌的主要治疗手段。肺癌手术分为根治性手术与姑息性手术。应当力争根治性切除，以期达到最佳、彻底地切除肿瘤，减少肿瘤转移和复发，并且进行最终的病理 TNM 分期，指导术后综合治疗。

2. 放射治疗

肺癌放疗包括根治性放疗、姑息放疗、辅助放疗和预防性放疗等。

3. 药物治疗

肺癌的药物治疗包括化疗和分子靶向药物治疗［表皮生长因子受体酪氨酸激酶抑制剂（epidermal growth factor receptor-tyrosine kinase inhibitor, EGFR-TKI）治疗］。化疗分为姑息化疗、辅助化疗和新辅助化疗，应当严格掌握临床适应证，并在肿瘤内科医师的指导下进行。化疗应当充分考虑患者病期、体力状况、不良反应、生活质量及患者意愿，避免治疗过度或治疗不足。应当及时评估化疗疗效，密切监测及防治不良反应，并酌情调整药物

和（或）剂量。

四、中医学对肺癌的认识

根据肺癌临床症状及特点，可将其归属于中医学"肺积""肺岩""息贲"等范畴。古代中医文献对此有较多记载，如《难经·五十六难》曰："肺之积，名曰息贲，在右胁下，复大如杯，久不已，令人洒淅寒热，喘咳，发肺壅。"《杂病源流犀烛·积聚癥瘕痃癖癥源流》中指出："邪积胸中，阻塞气道，气不宣通，为痰，为食，为血。皆得与正相搏，邪既胜，正不得而制之，遂结成形而有块。"此外《景岳全书·虚损》中亦有提及："劳嗽，声哑，声不能出或喘息气促者，此肺脏败也，必死。"

肺中积块等病证的产生，古人大多将原因归结于正虚邪实。如《灵枢》曰："虚邪之入于身也深，寒与热相搏，久留而内著……邪气居其间而不反，发为瘤。"表明积聚形成的基础原因是正气亏虚，正虚则毒邪内侵发为癌瘤。又如《诸病源候论》所述："积聚者，由阴阳不和，腑脏虚弱，受于风邪，搏与腑脏之气所为也。"及《中藏经·论痈疽疮毒》载："夫痈疡疮肿之所作也，皆五脏六腑蓄毒之不流则生矣。"可知癌毒的发病与外感邪气及内生毒邪均存在着密切的联系。

五、周维顺教授对肺癌的认识

中医十分重视人体正气的抗邪作用，认为机体正气与疾病发生发展有着密切联系。周维顺教授将肺癌的基本病机归为正气亏虚，癌毒内结。《素问遗篇·刺法论》指出："正气存内，邪不可干。"又如《素问·评热病论》所记载的："邪之所凑，其气必虚。"两者均强调疾病的发生与正气的强弱相关。周维顺教授认为肺癌形成的根本原因是脏腑气血阴阳失调，邪从内生，损伤脏腑或外邪侵袭，正气亏虚，无力反抗，以致邪侵内脏，以肺、脾、肾三脏为要，主要表现为宣降失司，运化失常。肺为娇脏，其位在上，为华盖，似天，故易感受邪气侵袭，从而影响到气机运行，人之精微水液及血液均有赖于气的推动而布散运行，气行不畅则水液输布不利，化为水湿痰饮，"肺为贮痰之器，脾为生痰之源"，痰浊易结聚于肺，血液运行失常停滞于肺则为瘀血，痰浊瘀血日久化腐酿毒，痰瘀毒三者互结发为肺积，正如《医门补要》所述："表邪遏阻于肺则留结为痰，血液不能正常运行则停留为瘀，癌毒与痰、瘀搏肺，失于宣散，并嗜烟酒，火毒上熏，久郁热炽，烁腐肺叶。"

六、肺癌的中医治疗

肺癌属本虚标实之证，尤其是晚期肺癌患者，更应注重扶正，在扶正的基础上适当应用祛邪之法。同时晚期癌症患者大多都承受着心理、经济、癌痛等各方面的压力，往往由于得不到有效的治疗，而对生活失去信心，在应用药物的同时，应注重患者的心理疏导。周维顺教授总结创制"抗肺癌合剂"，药物组成：蛇舌草、半枝莲各30g，猫人参、猫爪草各15g，生炒米仁、灵芝各30g，猪茯苓各15g，生黄芪30g，女贞子15g，南北沙参、浙贝各12g，杏仁10g，炒谷麦芽各15g，焦山楂30g，炙鸡内金15g。

"留得一分胃气，便有一分生机"，脾胃乃后天之本，气血生化之源，若脾气虚弱，气血生化乏源，导致气血亏损，卫外无能，则邪毒易侵，尤其是晚期患者，癌毒多与痰、瘀互结，阻碍气血运行，久则脾胃更虚。大多数患者来诊时多有形体消瘦、不思饮食、神疲乏力等脾胃虚弱症状。周维顺教授认为，脾胃赖五谷以养，临床常以炒谷麦芽各15g，焦山楂30g，炙鸡内金、茯苓各15g顾护脾胃。

晚期肺癌患者，癌毒多与痰、瘀互结，阻碍气机，久则郁而化热，热灼阴津，致阴伤津亏。临床症见咳嗽少痰，咳声低弱，痰黏腻难咳，口干咽痒，舌红少苔，脉细数等阴虚津亏症状。周维顺教授多以生黄芪30g，女贞子15g，南、北沙参各12g等养阴生津。

肺癌的病因、病机及发展转归均与癌毒密不可分，故常以清热解毒之法治之。临床症见咳嗽，咯痰黄稠，或伴血丝，发热，口干喜饮，心烦少寐，潮热盗汗，口干便干，咽燥声哑，舌红，苔黄腻，脉滑数等毒热症状。周维顺教授多以蛇舌草、半枝莲各30g，猫人参、猫爪草各15g清热解毒。

晚期肺癌患者，多因久病，脾胃受损，脾失运化，水不化精，酿湿生痰。临床多见痰多咳重，气喘痰鸣，胸闷纳呆，便溏虚肿，神疲乏力，胸痛发憋，舌质暗或淡，苔白腻或黄腻，脉弦滑或滑数等脾虚痰湿壅滞症状，周维顺教授多以猪、茯苓各15g，浙贝12g，杏仁10g，生、炒米仁各30g，灵芝30g等健脾燥湿化痰。

临床多见咳嗽不畅，或有血痰，胸闷气急，胸胁胀痛或剧痛，痛有定处，或颈部及胸部青筋显露，大便干结，唇甲紫暗，舌质暗红或青紫，有瘀斑或

瘀点，苔薄黄，脉细弦或涩等气滞血瘀症状。临床常用香茶菜 15g，延胡索 20g，徐长卿、红花、桃仁各 15g 等活血化瘀，行气导滞。

除了辨证论治，在平时对症用药也很关键：如患者痰中带血可加用藕节、白茅根、仙鹤草、三七粉、旱莲草等；如自汗气短加用党参、浮小麦、五味子、煅龙牡、生黄芪等；如见高热不退可加用大青叶、生石膏、水牛角、丹皮等；而胸背痛则加延胡索、没药、三七粉等；如见悬饮胸胁满闷加葶苈子、大枣、车前草、猪苓等；颈部肿核可选用猫爪草、山慈菇、夏枯草、土贝母、生蛤壳、穿山甲（代）、僵蚕等；如患者大便干结酌加大黄、生地、玄参、知母、郁李仁、麻仁等。

根据中医的辨证论治思想，周维顺教授认为临床上可以将肺癌分为痰湿蕴肺型、阴虚毒热型、气滞血瘀型及肺肾两虚型四个常见证型。对于肺癌的治疗，应该遵循辨证论治的原则，根据不同证型采用不同的治则，选用不同的方药。

（一）痰湿蕴肺型

（1）临床表现：本型患者多因原有呼吸道疾患，肺脾亏虚，导致脾虚痰湿、痰热蕴肺，症见咳嗽，痰多而白黏，可同时伴胸闷或胸痛而闷，纳呆，便溏或大便黏滞，头晕乏力，舌暗淡苔白腻，脉滑数。

（2）治法：健脾化痰，解毒清肺。

（3）基础方：茯苓、陈皮、半夏、生米仁、苍白术、生黄芪、浙贝、猫爪草、半支莲、白花蛇舌草、党参。

（二）阴虚毒热型

（1）临床表现：本型多是由于邪毒蕴结耗伤阴液，从而致阴虚内热，症见干咳少痰或痰少而黏，痰中带血，口干咽燥，低热，便干，舌红或暗红，苔薄黄或黄白相兼，脉细数。

（2）治法：养阴清热解毒，软坚散结。

（3）基础方：南北沙参、天麦冬、炙鳖甲、山海螺、浙贝、川贝、半支莲、白花蛇舌草、杏仁、仙鹤草、白英、黛蛤散。

（三）气滞血瘀型

（1）临床表现：本型患者多因邪毒犯肺，肺失宣降，使得气滞血瘀与痰浊互结胸内而致，患者常常可见咳嗽，气急，胸痛如针刺，口干便秘，偶有痰血，舌红或绛见瘀斑瘀点，苔薄黄，脉弦或细涩。

（2）治法：理气化滞，活血解毒。

（3）基础方：鱼腥草、葶苈子、枳壳、杏仁、瓜蒌皮、铁树叶、桔梗、远志、炙草、茜草根。

（四）肺肾两虚型

（1）临床表现：多因久病气血亏损，阴损及阳、母病及子而致肺肾两虚，肾不纳气而虚喘，瘀阻气道而痰不易咳出。

（2）治法：补益肺肾，益气解毒。

（3）基础方：生黄芪、太子参、茯苓、白术、补骨脂、菟丝子、蛤蚧、冬虫夏草、山海螺。

七、肺癌的中西医结合治疗

（一）中西医结合治疗原则

周维顺教授认为肺癌治疗不是固执己见，顾此失彼或偏废中西，而是需要中西结合，各自取长补短，治疗上并非简单机械的疗法叠加，毫无重点，而是应根据患者自身特点，肺癌病理类型和分期，充分发挥中医药整体观与辨证论治的优势，按照辨证与辨病相结合的原则，合理地对患者进行综合治疗。

周维顺教授认为中西医结合治疗肿瘤在临证结合的关键和原则是扶正祛邪。扶正祛邪，分阶段用药是贯穿始终的治则。西医的许多治疗（如手术，放、化疗）可视为中医的祛邪作用，其强度更强，故手术后不久或放、化疗期间，中医药配合应以扶正为主，减轻毒副作用、恢复脏腑功能，不宜使用太多的祛邪药物。肺癌早期，邪实正未虚，手术切除，配合中医药治疗，中医重在祛邪为主，扶正为辅；中期手术、放化疗后机体功能得到恢复患者，邪衰正渐复，则祛邪扶正兼顾，且攻且补；病期晚者或手术或多次放、化疗，正虚邪实或正虚邪衰，脏腑功能低下者，应以中医药扶正为主培植正气，以期减少并发症和毒副作用，并完成疗程。肺癌的中西医治疗亦遵循该原则。

（二）中药结合手术

肺癌早中期患者多选择手术治疗，但手术的适应证范围局限，术后并发症偏多等缺点是不可避免的，若术前结合中药口服，一方面可以扩大手术适

应范围，另一方面可以改善患者自身体质，提高耐受力。手术后常损耗气血，脏腑功能受到影响，故术后常结合中药帮助患者加速体力的恢复，促进伤口愈合及防止病灶转移。周维顺教授认为，术前用药多以健脾助运、补气养血为原则，药多选党参、黄芪、当归、白芍、川芎、白术、焦六曲、焦山楂等。术后用药原则为益气活血、补肝益肾及清热解毒，药多选党参、黄芪、陈皮、紫河车、当归、绞股蓝、蒲公英、半枝莲、蛇舌草等。

（三）中药结合放化疗

肺癌患者放化疗后的毒副作用很大，可出现消化障碍，机体衰弱，骨髓抑制，发热等。周维顺教授认为，这些反应的出现主要是因为放化疗破坏了人体正常的免疫功能，进而毒邪入侵，损伤脾胃、肝肾，故放化疗后的中医治疗原则可归纳为滋补肝肾，健脾和胃，益气补血，生津润燥，清热解毒五大原则。具体治疗药物如下。

（1）清热解毒类：主要用于放化疗过程中出现高热及各种炎性反应的患者，常用药物有半枝莲、龙葵、蒲公英、山豆根、蛇舌草、天葵子、黄芩、鱼腥草。

（2）生津润燥类：主要用于放化疗过程中出现口咽干燥等热毒伤阴的患者，常用药物有生地、麦冬、玄参、芦根、水牛角。

（3）清补气血类：主要用于放化疗中因热毒损耗气血的患者。常用药物有西洋参、太子参、北沙参、绞股蓝、丹参。

（4）温补气血类：主要用于放化疗中出现气血双亏，形体虚弱之患者。常用药物有黄芪、党参、红参、当归、紫河车。

（5）健脾和胃类：主要用于放化疗中出现消化障碍的患者，脾胃虚寒者，多用香砂六君子汤加减，肝胃不和及偏热的患者多用逍遥散加减。

（6）滋补肝肾类：主要用于机体衰弱，精神不振的患者，药多选用熟地、女贞子、补骨脂、仙灵脾、制首乌、菟丝子、淡附片。

八、验案举例

案例 1 患者，金某，女，52 岁，个体，杭州人。

2013 年 5 月 4 日因左肺癌术后 2 年余，伴肺内、胸膜、腹膜、脑、骨转移及胸腔积液、腹水来医院门诊求治。就诊时患者面色苍白，形体消瘦，腹大如鼓，按之坚硬，胸闷气促，食欲不振，进食后腹胀加重，口干不欲饮，寐差，小便短少，大便难解。舌淡苔白，脉沉细无力。B超及CT检查均提示有腹水。诊断：肺癌术后伴广泛转移，胸腔积液、腹水。治法：补益肺脾肾，行气利水，扶正抗癌。处方：黄芪30g，太子参30g，白术15g，补骨脂12g，菟丝子15g，蛤蚧1对，山海螺15g，猪苓、茯苓各15g，鸡内金15g，陈皮10g，山楂炭30g，橘红10g，橘络10g，三叶青15g，六神曲12g，炙葶苈子30g，桑白皮30g，藿香根10g，大豆卷15g，北沙参12g，汉防己12g，泽泻15g，夜交藤30g，龙葵15g，蛇莓15g。水煎服，每日1剂，早晚分服。守上方继续巩固治疗，诸药随症加减，病情稳定。

按：周维顺教授认为正气虚损是形成肿瘤的内因，癌毒侵袭是形成肿瘤的外因，外因要通过内因发生作用。癌毒是内外诸多原因导致脏腑经络气血运行失常的结果。肺癌辨证为虚实夹杂之证，虚以阴虚、气虚、气阴两虚为多见；实以气滞、血瘀、痰凝、癌毒为主。"瘀、毒、痰、虚"为肺癌的主要致病因素，并贯穿整个肺癌的发病始终。而本例患者是正虚邪实证的患者。虚实夹杂证患者病情复杂，用药困难，须平衡扶正与祛邪的关系，把握好尺度，不可过度扶正而罔顾实邪至疾病进展；亦不可祛邪过度而伤正气至真元受损抗邪无力。

案例2 患者，江某，女，53岁。

初诊：2013年4月7日。系1个月前在医院门诊摄胸片，拟诊为中央型肺癌，经检查后认为不适合手术、化疗。由张某陪同来诊。素体肥胖，血压偏高，无结核病史，无抽烟及吸烟环境。因胸口窒闷、痰嗽，右肺近肺门处有阴影，多处胸片检查诊断为中央型肺癌，认为手术、化疗均不适合，经服抗癌药后大量咯血，当前血量略有减少，而咳嗽痰稠不畅，痰血色深红。头眩心悸，神烦少寐，尿少便结，苔薄黄、质暗红，脉弦数。辨证：丰腴之体，痰浊有余，肺气不利，肃降无权，痰气凝结，为积为癥，并挟肝阳上亢，化火伤络。治法：清肺平肝，化痰安络。处方：北沙参15g，十大功劳叶10g，生代赭30g，龙牙草15g，决明子20g，瓜蒌15g，象贝10g，茺蔚子12g，黛蛤散（吞）5分，处方7剂。

二诊：痰血渐止，尚有咳嗽，痰黄稠，胸闷心悸，夜不安寐，大便通畅，食欲稍增，转动起坐头眩。苔薄黄、质暗，脉弦滑有力。辨证：肝亢未平，痰热未清。再拟：平肝清肺。处方：决明子20g，明天麻10g，全瓜蒌15g，桑白皮10g，北沙参10g，淡芩10g，象贝10g，炒枣仁10g，丹参15g，降香10g。共处方10剂。

　　周维顺教授评语: 肺癌的发生主要是先天正气不足,后天劳逸调摄失度,加上饮食不节、情志内伤,导致秽浊邪毒侵袭,形成气滞、血瘀、痰湿、热毒胶结,具体在临床诊疗中各有侧重点。该患者由于短期内多次转诊,患者自己不明病情,紧张忧虑,担心自己患的是癌症,需做好患者的思想工作,稳定其情绪。经多方面配合,患者在经过近2个月的对症治疗,自觉症状缓解,生活如常。摄片检查,病灶稳定,似有缩小。

　　案例3 患者,王某,男,65岁,退休工人。

　　肺癌术后1年余,刻诊:舌红苔少,脉细弱。辨证:气阴两虚。治法:润肺化痰,益气养阴。处方:猪茯苓各15g,炒米仁30g,薏苡仁30g,炒鸡内金15g,白花蛇舌草30g,猫人参15g,炙甘草5g,半枝莲、磁石各30g,山茱萸15g,当归15g,石菖蒲10g,泽泻12g,制首乌30g,三叶青20g,麦冬12g,炒白芍12g,化橘红10g,桔梗10g,苦杏仁10g,牛蒡子、浙贝母各10g,生黄芪20g,女贞子12g,炒山楂30g。7剂,每日1剂,水煎早晚分服。

　　按: 该患者为年老体虚,气阴亏虚,又久病术后,损伤气阴,又长期吸烟,烟毒之气内蕴,羁留肺窍,阻塞气道,而至痰湿瘀血凝结,形成肿块,故可见形体消瘦,气短喘促,神疲乏力,纳差,咽干,咳嗽少痰,舌脉为气阴两虚的体现。治疗上应益气养阴,解毒散结,理气化痰。

　　周维顺教授评语: 肺癌的发病以正虚为根本,因虚而致实,机体产生痰湿、瘀血、毒聚、气郁等病理改变,故本病是全身为虚,局部为实的疾病,虚以阴虚、气阴两虚多见,实则不外乎气滞、血瘀、痰凝、毒聚之病理变化。故临床上常见的证型有气滞血瘀、痰湿毒蕴、阴虚毒热、气阴两虚,治疗时须标本兼顾。

　　案例4 田某,男,53岁,个体,嵊州人。

　　确诊左肺癌3个月余,肺部CT见肺内、纵隔淋巴结转移伴胸腔积液、腹水。就诊时患者咳嗽,形体消瘦,腹大如鼓,按之坚硬,动则气促,纳呆,饱胀感明显,虽然口干不欲饮,夜间难以入眠,小便短少,大便难解。舌淡苔白厚,脉沉细无力。复查门诊B超及CT检查,均提示有腹水。诊断:肺癌广泛转移,胸腔积液、腹水。辨证:痰浊蕴肺,水湿停滞。治法:健脾益肺,行气利水,扶正抗癌。处方:炒党参15g,炒白术15g,猪苓15g,茯苓15g,鸡内金15g,陈皮10g,山楂炭30g,薏苡仁30g,炒薏苡仁30g,橘红10g,橘络10g,三叶青15g,六神曲12g,炙葶苈子30g,桑白皮30g,藿香根10g,大豆卷15g,酸枣仁12g,海浮石12g,炒竹茹12g,丹参30g,汉防己12g,泽泻15g,合欢花6g,龙葵15g,蛇莓15g。水煎服,每日1剂,早晚分服。

按： 祖国医学认为，肺癌相当于中医的"息贲""肺积"范畴。它的发病机制主要是正气内虚、邪毒内结，与肺、脾、肾三脏有关。如外界致病邪毒内侵致肺气宣降失司，导致肺气壅阻不宣，脉络受阻，气滞血瘀。脾为生痰之源，肺为贮痰之器，七情内伤，脾虚运化失司，痰湿内生，痰贮肺络，久郁化热，痰凝毒聚，加上脏腑阴阳失调，正气内虚，尤其肺、脾、肾三脏气虚而致肺气不足，长年吸烟、热灼津伤致肺阴不足，气阴两虚，升降失调，外邪乘虚而入，客邪留而不去，气机不畅，血行瘀滞，则痰、瘀毒互结而成肺积。

周维顺教授评语： 正气虚损是形成肿瘤的内因，癌毒侵袭是形成肿瘤的外因。外因要通过内因发生作用。癌毒是内外诸多原因导致脏腑经络气血运行失常的结果。肺癌辨证为虚实夹杂之证，虚以阴虚、气虚、气阴两虚为多见；实以气滞、血瘀、痰凝、癌毒为主。"瘀、毒、痰、虚"为肺癌的主要致病因素，并贯穿整个肺癌的发病始终。

案例5 王某，男，59岁，农民，2013年4月27日就诊。

半年前不明原因出现胸闷咳嗽，乏力，日渐加重，医药无效，经纤维支气管镜检查诊断为肺癌。因患者年事已高，本人及家属均不愿接受手术治疗，故以化疗及中医结合治疗。现症：咳嗽阵作，咽喉不利，痰吐不爽，胸闷胸痛，舌淡红苔白，脉细滑。辨证：痰气阻滞。治法：化痰行气，调肺止咳。处方：半枝莲20g，炒山楂30g，化橘红10g，山药30g，制半夏10g，郁金10g，蛇舌草20g，猪茯苓各15g，桔梗10g，乌梅炭15g，砂仁5g，炒鸡内金15g，蒲公英30g，白豆蔻10g，石榴皮15g，制延胡索30g，大腹皮10g，枳壳10g，白扁豆30g，九香虫10g，佛手10g。7剂，每日1剂，水煎早晚分服。

按： 本患者素体脾虚，又因年老气衰，水湿失运，聚湿生痰，留于肺脏，"脾为生痰之源，肺为贮痰之器"，贮于肺络，肺气宣降失常，痰阻气滞，进而与外邪凝结，形成肿块。故临床上可见咳嗽阵作，咽喉不利，痰吐不爽，胸闷胸痛，舌脉为正气不足，痰湿内阻之证，治疗上以化痰行气、调肺止咳为主，佐以健脾益气。

周维顺教授评语： 肺癌居所有恶性肿瘤死因的第一位，中医学原无肺癌这一病名，现亦称"肺癌"，也可归属于"肺积""息贲"等病症范畴，中医学认为肺癌发生是由于正气虚弱，脏腑气血阴阳失调，导致毒邪内侵，肺失治节，宣降失司，气机不利，血行不畅，为痰为饮，瘀阻络脉，日久形成

肺部积块。病变部位在肺，晚期可波及他脏。

（嵇　冰）

第三节　病证结合疗肠癌

　　周老师始终认为，诊治恶性肿瘤可以借鉴西医以辨病，再结合中医辨证施治，可以去繁就简，方便后学。同一证可以存在于不同疾病之中，而同一疾病的不同阶段又可存在不同的证，《素问·六元正纪大论》曰："知其要者，一言而终，不知其要，流散无穷。"因此他借用西医的病名诊断，因为这是社会人群普遍理解接受认可的，那就在病证结合的临床实践中先确定患者的疾病再结合症候群确定证型。根据病的成因和证的成因确定证的病机，从而选定治法方药及其加减。这种简单的病证合一诊疗模式，方便快捷，相对精准，临床上常常是病证双解，疗效突出。可以在辨病的基础上选用一个合适的基础方，专病专方，合理辨证加减，可以方便后学，方便肿瘤治疗规范化，虽然可能存在一定缺点，但是也确实是推广、规范中医治疗的一条途径。

　　对于大肠癌，周老师积累了丰富的经验，而对大肠癌的常见腹水、肝转移黄疸，他的治疗方法也有良好的疗效，本节将一一介绍。

　　周老师认为大肠癌包括结肠癌和直肠癌，中医文献中虽没有大肠癌的病名，但有类似大肠癌的临床表现和发病情况，见诸"肠积""癥瘕""积聚""肠蕈""肠风""脏毒""肠澼""锁肛痔"等病证中。古代医家自《黄帝内经》开始就对此类疾病作出记载。《灵枢·五变》谓："人之善病肠中积聚者……则胃肠恶，恶则邪气留之，积聚乃伤，肠胃之间，寒温不饮，邪气稍至，蓄积留止，大聚乃起。"《灵枢·刺节真邪》谓："虚邪入至于身也深，寒与热相搏，久留而肉著……邪气居其间而不及，发为筋瘤……肠瘤……昔瘤。"指出了肠中积聚及肠瘤的发病过程。《素问·痹论》又云："饮食自倍，肠胃乃伤。"说明饮食因素是大肠癌最常见的因素。《灵枢·水胀》说："肠蕈者，寒气客于肠外，与卫气相抟，气不得营，因有所系，癖而内著，恶气乃起，息肉乃生。其始也，大如鸡卵，稍以益大，至其成如杯子状，久者离岁，按之则坚，推之则移，月事以时下，此其候也。"详细说明了大肠癌的形成过程及与妇科肿瘤的区别。《素问·六元正纪大论》指出："大积大聚，其可犯也，衰其大半而止，过者死。"这种攻邪而不过伤正气的治疗原则，至今仍是中医药治疗肿瘤的大法。《证治要诀·大小腑门》有载："诸病坏证，久下脓血，或如死猪肝色，或五色杂下，频出无禁，有类于痢。"指出肠澼有类于痢疾。而隋代巢元方在《诸病源候论》认为："癥者，寒温失节，脏腑之气虚弱而饮食不消，聚结在内，染渐生长块段，盘牢不移动者是也。"指出其腹中包块，盘牢不移的特点。金元四大家之一的朱丹溪在其《丹溪心法》中云："坐卧湿地，醉饮房劳，生冷停寒，酒面积热，以致荣血失道，渗入大肠，此肠风脏毒之所由作也"，进一步指出了其病因。

中医学将大肠癌的病因概括为内因和外因。内因包括正气亏虚和情志失调；外因包括感受外邪、环境因素和饮食不洁、过食肥甘厚腻。而其根本病变机制是机体阴阳失调，脏腑功能失司，正气虚弱，内邪外患丛生。寒凝湿阻、气滞血瘀、痰凝火郁，日久成癥积。湿热、火毒、瘀滞属病之标，脾虚、肾亏、正气不足乃病之本，两者互为因果，由虚而致积，因积而益虚，日久则积渐大而体更虚。所以大肠癌的主要病因和发病机制在于外感邪毒，饮食失节，忧思抑郁，久病脾胃受损，运化失常，气结痰凝，气、痰、瘀、毒互结而发生。其病机是脾胃虚寒，运化失常，痰湿内生，肝郁气滞，久郁化火，痰火胶结，气滞血瘀，在人体正虚、免疫功能低下时而终致气、血、痰、瘀、毒互结而成肿瘤。但本病总属本虚标实之证，本虚以脾肾双亏、肝肾阴虚为多见，标实以湿热、瘀毒多见。

曾有患者徐某，女，47岁，个体针灸医师，余杭人。患结肠癌（肿块型）已1年余，食欲不振，面黄腹胀，左下腹痛拒按，且可触及鸡蛋大小块状物，里急后重，便下时干时稀，时带脓血，全身不适，乏力，气短，形体消瘦，苔薄微黄而腻，脉弦滑带细。辨证比较复杂，考虑气虚血瘀夹湿热。故此治宜：健脾理气，解毒利湿，软坚化瘀，扶正抗癌。周老师拟方：生黄芪30g，生米仁30g，猪、茯苓各12g，白花蛇舌草30g，败酱草30g，野葡萄根30g，蒲公英30g，菝葜30g，赤芍10g，丹参30g，红藤30g，川朴10g，广木香10g，炙草5g。

在第二次复诊时，患者服药7剂，述上述症状有明显好转，具体表现为腹胀渐消，腹痛渐减，食欲渐增，故此再在上方的基础上稍作加减，治疗3个月后，诸症消除，肿块大减，面色红润，体重较服药前增加5kg，肺部胸片及B超检查未见异常病理现象，全身浅表淋巴结未见有转移，红细胞沉降率、癌胚抗原等均在正常范围，且患者能参加轻便劳动，恢复病前医师工作。

该患者临床主诉较多，而且病情复杂，经辨证当属脾虚瘀血湿热相间，

浙江中医临床名家·周维顺

故此治法较杂，治当健脾理气，解毒利湿，软坚化瘀，扶正抗癌。本方清热解毒之品与健脾、活血、理气止痛之药合用，而因下利之症明显，故此清热解毒、理气止痛之类较多，此谓急则治其标，缓则治其本也。

对于肠癌的治疗，临床上周老师常常选用藤梨根 15g，野葡萄根 15g，猫爪草 15g，猫人参 15g，生、炒薏苡仁各 30g，灵芝 30g，炙鸡内金 15g，炒谷麦芽各 15g，焦山楂 30g，猪、茯苓各 15g。此为基础方，再结合辨证加减。他认为临床常见的证型有脾虚湿热型、瘀毒内结型、脾肾亏虚型等，可以辨证给药。

首先，脾虚湿热证多因平素嗜食肥甘、辛辣之品，脾胃受损，运化失司，则酿湿生痰，痰热内蕴。它的主要症状：纳呆腹胀、身倦乏力、面色萎黄、腹痛阵作、里急后重，大便黏液或便下脓血，舌质红，舌苔黄腻，脉滑数。所以治则必须以健脾理气、清化湿热为主，可以在基础方上加选白头翁汤加减：苍白术、米仁、茯苓、厚朴、木香、槟榔、白头翁、败酱草、野葡萄根、猫爪草、蒲公英、黄连、黄柏、苦参、秦皮。方中苍白术、米仁、茯苓、厚朴、木香健脾理气化湿；白头翁、败酱草、野葡萄根、猫爪草、蒲公英清热解毒；黄连、黄柏、苦参、秦皮清热解毒燥湿。合之共奏健脾理气、清热解毒化湿之功。

而瘀毒内结证多因平素所欲未遂，肝气郁结，久则气滞血瘀，加之饮食不洁，误食腐败变质之品，则可见瘀毒内阻。它的主要症状：腹部刺痛，腹痛拒按或有包块，便下黏液脓血，伴有里急后重，舌质暗红或有瘀斑，舌苔黄腻，脉弦数。其治则须考虑清热解毒、祛瘀攻积。可以在基础方的基础上加选少腹逐瘀汤加减：归尾、川芎、赤芍、泽兰、红花、乌药、五灵脂、延胡索、败酱草、白头翁、虎杖、马齿苋、炒白术、木香、厚朴。方中归尾、川芎、赤芍、泽兰、红花养营活血；五灵脂、延胡索、乌药化瘀止痛；败酱草、白头翁、虎杖、马齿苋清热解毒；炒白术、木香、厚朴理气化滞。全方合之共奏清热解毒、祛瘀攻积之功。

对于脾肾亏虚多因平素嗜食生冷、肥甘或饮食不节、不洁，脾胃受损，久则脾肾气虚，气损及阳则成此证，或久病损伤先天之本。主要症状：久泻久痢，面色苍白，形体消瘦，倦怠乏力，或腰酸膝软，畏寒肢冷，腹部冷痛，喜温喜按，五更泄泻，舌质淡胖或有齿印，舌苔薄白，脉沉迟或沉细。该证型的治则是以健脾温肾为主，兼顾祛邪攻毒。在基础方基础上加减，如以脾虚为主者，以四君子汤加减：党参、茯苓、白术、甘草、砂仁、苍白术、五味子、肉豆蔻、白花蛇舌草、苦参、黄柏。方中党参、茯苓、白术、甘草健脾；白花蛇舌草、苦参、黄柏清热解毒燥湿；砂仁、苍白术燥湿理气；五味子、肉豆蔻止泻。如肾虚为主者以肾气丸合四神丸加减：制附子、干姜、肉豆蔻、补骨脂、吴茱萸、炒苡仁、茯苓、怀山药、苍白术。方中制附子、干姜、补骨脂、怀山药补肾助阳；苍白术、茯苓、炒苡仁健脾化湿；肉豆蔻、吴茱萸暖脾止泻。

至于加减方面，如果湿热内蕴型则加清热利湿的药物：葛根 15g，黄芩 15g，黄柏 10g，白头翁 10g，败酱草 20g，等等；瘀毒内阻型加活血化瘀、解毒通腑的药物：当归 15g，赤、白芍各 15g，桃仁 10g，红花 10g，川芎 10g，等等；脾肾阳虚型加温补脾肾、解毒化湿的药物：党参 15g，炒白术 15g，半枝莲 30g，吴茱萸 6g，五味子 10g；肝肾阴虚型加滋阴补肾、泻火解毒的药物：黄柏 10g，知母 15g，生熟地各 15g，龟甲 15g，女贞子 15g，等等。周老师认为，对放疗后的患者，治则宜清热解毒，生津润燥，清补气血，健脾和胃，滋补肝肾；对化疗后的患者宜温补气血，健脾和胃，滋补肝肾。如出现发热反应时则可酌加清热解毒之剂。另外，对于肠癌引起之不完全性肠梗阻，可以考虑使用承气汤类方剂口服配合灌肠通便以图解除梗阻症状。

目前，大肠癌治疗中经动物实验和临床验证有肯定疗效的药物有红藤、败酱草、苦参、菝葜、野葡萄根、马齿苋、生薏苡仁、半枝莲、蛇舌草等，可以结合辨证论治选用。而中成药中确有肯定疗效的药物有西黄胶囊、岩舒注射液及康莱特注射液、鸦胆子乳剂等。

所以，对大肠癌患者，只要因时、因地、因人制宜，根据以上中西医诊治原则，合理地对患者进行有机辨证，就必然能获得理想疗效。因而，他认为为了最大限度地延长癌症患者的存活期，减少疾病痛苦，提高生存率，对大肠癌的中西医诊治原则在临床中进一步推广和深入研究是值得和必须的。

而大肠癌患者常常会出现肝脏转移，进而出现黄疸、腹水等并发症，下面就对此类并发症详细介绍周老师经验。

关于黄疸，他认为古代中医文献对肿瘤相关性黄疸的病因病机并无明确的论述。《黄帝内经》记载的肿瘤病因病机不外乎外邪入侵、正虚、气滞、血瘀、痰凝、热毒，如《素问·举痛论》曰："寒气客于小肠膜系之间，络血之中，血泣行于大经，血气稽留不得行，故宿昔而成积矣。"《灵枢·九针》曰："四时八风客于经络之中，为瘤病者也。"又如《素问·平人气象论》曰："溺

黄赤，安卧者，黄疸。……目黄者，曰黄疸。"《灵枢·论疾诊尺》又谓："身痛而色微黄，齿垢黄，爪甲上黄，黄疸也。"指出黄疸病身黄、目黄、小便黄的三大特征。明代张景岳《景岳全书·杂证谟·黄疸》提出黄疸分湿热蕴结之"阳黄"，寒湿阻遏之"阴黄"。《诸病源候论·黄疸诸候》言："气、水、饮停滞，结聚成癖，因热气相搏，则郁蒸不散，故胁下满痛，而身发黄，名曰癖黄。"黄疸以湿邪为主要病机关键。周老师认为，肿瘤本以气、血、痰、瘀、毒、虚为患，即气滞血瘀、痰凝湿聚、热毒内蕴、经络瘀阻、脏腑失调、气血亏虚，又久病损伤脾阳而寒湿内生，故肿瘤患者可出现阳黄、阴黄、瘀黄。

而对于黄疸的治疗，周老师主张必须首先分别从黄疸与肿瘤两方面论治。

首先辨黄疸的治疗大法是化湿邪、利小便。运用此法要明辨阴黄、阳黄或者瘀黄。阴黄者，寒湿阻遏，用茵陈术附汤加减。阳黄者再辨湿、热孰重孰轻，热重于湿者，以清热为主，茵陈蒿汤主之；湿重于热者，以利湿为主，茵陈五苓散主之。瘀黄者，肝郁血瘀，注重活血化瘀又不离化湿邪，可用茵陈为退黄主药，联合膈下逐瘀汤加减。

其次，辨肿瘤的治疗，周老师主要以理气化滞、活血化瘀、化痰利湿、清热解毒、扶正培本为原则，根据正邪虚实及痰热毒瘀表现分型论治。肿瘤早期，患者正气未衰，瘤体尚小时，宜以祛邪攻癌为主，体质弱者当加用扶正的药物；肿瘤中期，患者正气尚可，瘤体较大，可采用攻伐兼施之法；肿瘤晚期，患者正气虚衰，瘤体增大，且有多部位、多脏器转移和扩散，宜以扶正为主，适当加用抗癌药。周老师主张运用经临床实践和动物实验证实能抗癌又符合肿瘤治疗原则的药物，如理气化滞的柴胡、枳壳；活血化瘀的赤芍、丹参；化痰利湿的猪茯苓、生米仁；清热解毒的半枝莲、蛇舌草；扶正培本的人参、米仁等。

最后，我们要对肿瘤与黄疸进行综合辨析，因为肿瘤相关性黄疸大多发生于原发性肝癌、转移性肝癌或胰腺癌，病位首先责之于肝，肝失疏泄，胆汁外溢；再责之脾，脾失健运；久病责之于肾，肾阴亏虚。周老师根据多年临床经验，拟定经验方：绵茵陈30g，焦山栀12g，炒黄柏、柴胡、赤芍、白芍各10g，炙甘草5g，炒枳壳10g，半枝莲、蛇舌草、蒲公英各30g，猪苓、茯苓各15g，猫人参、猫爪草、生炒米仁、灵芝、焦山楂各30g，炙鸡内金、炒谷麦芽各15g，丹参30g，泽兰10g。方中茵陈、山栀清热利湿，炒黄柏燥湿退黄又滋肾阴；根据肝的生理特性运用柴胡、枳壳疏肝理气解郁，白芍养阴柔肝，茯苓、米仁健脾利湿；黄疸日久瘀成，而酌情用赤芍、丹参以入肝经活血祛瘀，泽兰以活血利水，灵芝以补气扶正，炙鸡内金、炒谷麦芽以固护脾胃，联合半枝莲、蛇舌草、蒲公英等以抗癌抑癌。周老师认为，活血化瘀药运用于肿瘤尚存在可能促进肿瘤扩散转移的争议，故酌情加用活血软坚之品，但忌用水蛭、虻虫、三棱、莪术、穿山甲（代）等破血之品，以防耗血动血。方中抗肿瘤药物用量较重，周老师认为，肿瘤乃大病沉疴，非重剂不起，用药量必须加重，用药要准和狠。晚期肿瘤相关性黄疸临床多为虚实夹杂，阴阳交错，要辨证准确，绝不可因其身目尽黄而全然定为阳黄，也不可因其病情笃重而统归于阴黄，黄疸顽固不退者，可加用少量肉桂补火助阳以化湿。肿瘤患者出现黄疸时，应注重肝功能的保护，促进肝细胞再生，慎用可能造成肝损害的中草药。

而对于黄疸皮肤瘙痒者，加地肤子、苦参、白鲜皮、土茯苓、野菊花以祛风燥湿止痒；伴恶心呕吐者，以二陈汤加姜竹茹等；胁痛较甚者，加金铃子散、香茶菜、徐长卿等；脘腹胀满痞闷者，加苍术、白术、厚朴、陈皮、白豆蔻等以化浊醒脾，燥湿宽中；大便不通、腹满而痛者，加大黄、枳实、厚朴以行气通腑，其中大黄具有清热解毒、通下退黄、消瘀化癥之功，黄疸患者须重视肠腑通畅；小便不利、出现腹水者，加车前草、地骷髅、龙葵、汉防己等以利水消肿。肿瘤患者出现黄疸，体现病情进展恶化，中药治疗主要辅助保肝抑瘤，对于不同原因引起的黄疸临床疗效不一。中医临床上遵循辨证论治的宗旨，辨病与辨证相结合，黄疸与肿瘤共治，标本兼顾，对治疗原发性肝癌或转移性肝癌出现的肝细胞黄疸较有效，并可提高西医退黄临床疗效。

周老师认为肿瘤相关性黄疸多见于肝癌、胆囊癌、胰腺癌和其他部位，尤其是肠癌、肺癌晚期肿瘤转移到肝脏，一般治疗比较棘手，预后不好。中医在肿瘤相关性黄疸治疗上有一定的疗效，可以改善症状，缓解病情。治疗上还是以对症治疗为主，另外临床上还有比较常见的类型——脾虚证，这在肿瘤的晚期比较常见，治疗上应补养气血，健脾退黄，可用小建中汤加减治疗。

而对肿瘤晚期恶性腹水，周老师也积累了丰富的临床经验，疗效良好，反复强调恶性腹水是肿瘤的晚期表现。

在病因方面，周老师认为，现代医学方面，恶性腹水的形成主要是肿瘤分泌的某些介质或者直接浸润导致腹膜血管的通透性增强，以及液体产生过多、营养不良、低蛋白血症所致的流体动力学失衡、门静脉阻塞、肝转移、淋巴及静脉回流受阻等。中医方面，周老师认为恶性腹水可归属中医"鼓胀"

范畴，临床上以腹部胀满如鼓，甚则青筋暴露为特征，可参考鼓胀相关内容辨证施治。其病位主要在肝脾，与肺相关，久病可及肾。脾主运化，久病损伤脾气，运化不利则水湿内停。肝主疏泄，亦藏血，疏泄不利，则气滞血瘀。水湿、瘀血内聚于中焦，形成腹水。腹水形成后，进一步困阻脾胃，脾运失健，水湿内蕴愈重，土壅木郁，气血凝滞更甚，瘀结水留，壅塞隧道，形成恶性循环。病久可延及肾，肾火虚衰，则无力温助脾阳，蒸化水湿，且开合失司，气化不利，致阳虚水盛，阳若伤及阴，肝肾之阴亏虚，阴虚则阳无以化，加重水停。此外，周老师认为腹水的形成亦与肺关系密切，腹水者多有胸闷气喘之征。肺为水之上源，肺气通过宣发肃降通调水道，将脏腑代谢所产生的浊液下输膀胱，成为尿液排出体外，在全身水液的代谢运行中发挥着重要作用。

对于恶性肿瘤腹水的治疗，周老师建议根据临床症状，如腹胀、足部水肿、呼吸短促、易疲劳及消瘦，体格检查腹部膨隆、叩诊浊音，有时可触及肿块、腹部压痛及反跳痛，再结合影像学，如 B 超、CT 扫描及腹腔穿刺病理学检查以明确诊断。鼓胀初起属肝脾失调，以邪气盛为主，病程相对较短；久病肝、脾、肾损伤，正虚为主。邪盛标实者须辨气、血、水之偏盛；本虚者当分阴阳之不同；标实者用行气、活血、利水或攻逐等法；本虚者用温补脾肾或滋养肝肾法；本虚标实、错杂并见者当攻补兼施。恶性腹水亦多属本虚标实之证，临床上首先应辨其虚实标本。周老师根据中医的辨证论治思想及临床经验，临床上将恶性腹水分为 3 期，即初期、中期及晚期。治疗大法主要是益气健脾化湿、活血利水行气及调理肺脾肾。初期（气滞湿阻）：症见腹大胀满，按之不坚，饮食减少，食后胀甚，嗳气、矢气后缓解，小便短少，舌苔薄白稍腻，脉弦。周老师对这一期的治法为健脾运湿、行气利水、注重气机的调畅，以及脾气亏虚的补益。常用既能抗癌又能理气的药，如八月札、广木香、陈皮、柴胡、乌药、厚朴、香附、枳实等；健脾化湿常用白术、猪苓、茯苓、薏苡仁、冬瓜皮、大腹皮等药。中期（瘀水互结）：症见腹大胀满，按之坚硬，或青筋显露，下肢浮肿，脘腹痞胀，不得饮食，小便少，或见大便色黑，舌紫暗，脉细涩。周老师对这一期的治法为活血化瘀，行气利水。在活血化瘀药物的选用上，周老师很少选用莪术、三棱等破血行气之品，多选用丹参、赤芍、白芍、当归、鸡血藤、王不留行、桃仁等平和之药，活血不伤正，养血不滞血，祛瘀生新，瘀血化除，血脉通利，腹水逐渐消退。晚期（肺脾肾虚损）：症见腹大胀满，或见青筋显露，面色苍黄或晦暗，神疲乏力，少气懒言，小便短少或无，舌淡苔白，脉沉细无力。周老师对这一期的治疗注重补益肺、脾、肾，利水化气。常用桑白皮、葶苈子以泻肺平喘，利水退肿，白术、茯苓以健脾益气，肉桂以温补肾阳。同时，周老师认为热毒（邪热瘀毒、水湿化热、阴虚内热及肿瘤本身坏死感染之热毒等）是恶性肿瘤的主要病因病机之一。故周老师在治疗各类肿瘤及其并发症时常随症配伍清热解毒药，在治疗恶性腹水时常用半枝莲、白花蛇舌草、猫人参、蒲公英、黄芩、黄柏、栀子等。

周老师认为，中医中药治疗恶性腹水是中医治疗肿瘤并发症的特色之一。中医认为，恶性腹水的病因为肝气郁结，气滞血瘀，可导致脉络壅塞，是鼓胀形成的最基本因素。脾失健运，水湿停聚，肾阳不足、气化失司也是形成鼓胀的重要因素。归纳起来，鼓胀的病因、病机离不开肝、脾、肾三脏的功能障碍。在治疗上中医多采用行气、利水、消瘀、化积、健脾、益肾等方法，临床上遣方用药多以实脾饮、中满分消丸、化瘀汤、十枣汤、舟车丸、五皮饮、胃苓汤、防己黄芪汤、真武汤、五苓散等加减化裁治疗。如果辨病、辨证准确，遣方用药合理，常可收到意想不到的疗效。肿瘤晚期恶性腹水，治疗上要注意正虚的层面，一般正气都已经耗伤，治疗上攻邪不忘扶正，攻邪中病即止，不宜过度，攻邪之后要注意调理，以补脾肾阳气和肝肾阴液为主，以防止腹水再次反复。

（刘振东）

第四节　另寻蹊径升血象

众所周知，放化疗是目前治疗恶性肿瘤的重要治疗方法之一，但放化疗后的毒副作用较多，也无可避免，常见的毒副作用为骨髓抑制，导致全血细胞减少，尤以白细胞和血小板减少较明显，故常常有患者因此中断治疗，从而影响疗效，延长住院时间，甚至导致死亡。正因如此，预防和减轻放化疗后骨髓抑制，促进骨髓造血功能恢复，升高患者血小板及外周血白细胞，已成为保证放化疗顺利完成、提高临床疗效的关键。中医药治疗放化疗毒副作用有很大优势，以下主要介绍在中医理论指导下运用中药治疗放化疗后骨髓抑制等毒副作用的相关治法。

一、化疗后白细胞、血小板减少中医治疗的理论基础

白细胞由粒细胞、淋巴细胞、单核细胞等组成。白细胞减少是骨髓抑制的常见表现之一。一般所说的白细胞减少主要是指粒细胞减少。外周血白细胞计数持续低于 3.5×10^9/L，称为白细胞减少症。而当中性粒细胞极度减少，其绝对值低于 0.5×10^9/L，则称为粒细胞缺乏症。其主要发病机制是由于放化疗缺乏特异性，在杀伤肿瘤细胞的同时，也导致骨髓造血细胞衰老、损伤，且放化疗也会影响造血微环境，从而影响造血功能。若白细胞减少过于明显，则机体抵抗力迅速下降，细菌就可能迅速扩散进入血液引发败血症。白细胞减少症一般伴有头晕乏力、肢体酸软、食欲减退、精神萎靡、低热等非特异性症状。血小板减少症也是临床常见的化疗后不良反应。恶性肿瘤患者化疗后骨髓造血功能受到抑制，尤其是骨髓巨核细胞受损，循环血中血小板生存时间缩短，从而引起血小板减少。目前，临床以输注血小板为标准治疗，但其保存时间短，且可能发生输血反应及产生血小板抗体；白细胞介素-11、血小板生成素存在疗效不快、副作用大、价格昂贵的问题。

古代中医文献中并无白细胞减少症和血小板减少症的病名，根据其症状可将其归为中医"血虚""虚劳"等范畴。如《医学入门》所述："食少神昏，精不荣，筋骨酸痛，潮汗咳嗽，此虚证也，但见一二便是。"

《素问·经脉别论》记载："饮入于胃，游溢精气，上输于脾。脾气散精……水精四布，五精并行。"《灵枢·营卫生会》云："中焦亦并胃中……化其精微，上注于肺脉，乃化而为血，以奉生身，莫贵于此。"由此可知，脾胃为气血、津液生化之源、后天之本。因此脾胃功能正常，则气血津液生化有源；若脾胃功能失调，则气血、精气生化无源。又如《素问·五运行大论》云："肾生骨髓。"《诸病源候论·虚劳病诸候》曰："肾藏精，精者，血之所成也。"中医认为年迈之人肾气已虚，而"肾为水脏，主藏精而化血"（《侣山堂类辨·辨血》）。由上观之，精髓也是化生血液的基本物质。肾为先天之本，主藏精，精是血的物质基础，脾胃运化功能正常，水谷精微向下输布于肾，并依靠肾的滋养、温煦作用，精化为髓，髓化生为血液注之于脉中。气血津液生成的关键在于脾、肾二脏。且基于气血同源，互根互用之理，气虚不能生血，血虚不能化气，在温补脾肾的同时，还须补气以生血。

二、辨证论治

1. 补脾益肾法

此法主要针对辨证为脾肾两亏的患者，肾为先天之本，脾为气血生化之源，《黄帝内经》载："中焦受气取汁，变化而赤，是为血。"人体血液生成与脾、肾二脏密切相关，因放化疗损伤脾胃，脾胃运化失常，则水谷精微不能正常化生气血，气血乏源。且放化疗亦可侵犯骨髓，使肾精进一步消耗而骨髓不充、精血不能自生，最终导致营卫气血不足，全身失养。其主症有头昏乏力、呕恶纳差。次症为腰膝酸软。舌淡或红、苔薄或薄黄带腻或少苔，脉细或沉细或细弦。故治疗此病多从脾肾入手，补脾而气血津液生化有源，益肾则精足髓充血自能旺。周维顺教授临床常用黄芪、党参、茯苓等益气健脾，仙茅、熟地、制首乌、枸杞、补骨脂等补肾生髓等。

案例 1 王某，男，53 岁。

2002 年 5 月胃癌术后，用 DFM 方案（顺铂、丝裂霉素、5- 氟脲嘧啶）化疗 2 周后白细胞计数降至 1.5×10^9/L 而终止化疗，刻下症见乏力纳差，头晕，腰酸，舌淡白，苔薄腻，脉沉细。辨证：脾肾两亏。治法：以健脾和胃、滋补肝肾为主。处方：生黄芪 30g，党参 30g，生米仁 30g，赤小豆 30g，红枣 30g，茯苓 20g，当归 15g，鸡血藤 15g，补骨脂 15g，焦白术 15g，女贞子 15g，枸杞子 15g，仙茅 12g，仙灵脾 12g，炒白芍 10g，紫河车 10g，炙甘草 5g。共 5 剂，水煎 200ml，分早晚两次温服，每日 1 剂，转结合肝血宝、碳酸锂治疗 5 天后复查血常规，白细胞升至 5.4×10^9/L，其余症状明显好转。

按： 本案患者胃癌术后，气血已亏，加上化疗药物损害脾胃肝肾，气血乏源，故白细胞迅速下降，结合患者症状，辨证为脾肾两虚证，以补脾益肾为治则，方用升白Ⅰ号方，此方为周维顺教授经验用方，方中党参、黄芪、白术、红枣、炙甘草甘温补脾、益气生血，脾健则气血生化有源；茯苓、米仁、赤小豆健脾渗湿，因脾虚易生痰湿，三药合用，有防治之意；当归、鸡血藤、白芍补血活血，血行通畅，则不瘀不滞，才可濡养全身；仙茅、仙灵脾、补骨脂辛温而热，温补脾肾，振阳化阴，大补命门之火以温运脾阳；女贞子、枸杞子、紫河车滋阴养肝，大补精血。诸药相合，温中有滋，阳中有阴，动静结合，共奏温补脾肾之功。

案例 2 陈某，女，53 岁。

患者 2004 年 11 月因腰椎间盘突出体检，CT 示：右肺周围性肺癌，肿块大小 4.0cm×3.0cm×3.0cm，右锁骨上淋巴结转移。病理诊断：肺腺癌。11 月 26 日开始化疗 2 个疗程，肿块缩小。2005 年 1 月 14 日复查 MRI：左枕叶转移瘤，右肺病灶明显缩小。然血小板、白细胞下降，经输血治疗，血小板恢复，白细胞计数 $3.5×10^9$/L，为进一步治疗，于 2005 年 1 月来诊。刻下症见：头痛，胸闷胸痛，咳嗽，全身乏力，畏寒，精神差，阵发性心悸，眠差，纳可，二便尚可，舌胖有齿痕，苔薄白，脉细沉。辨证：精亏阳弱。治法：温补脾肾。处方：灵芝 30g，紫河车 30g，守宫 10g，蛤蚧 10g，枸杞子 30g，菟丝子 30g，女贞子 30g，补骨脂 20g，山萸肉 60g，熟地 30g，生黄芪 60g，西洋参 18g，肉苁蓉 30g，金荞麦 30g，北沙参 30g，五味子 30g，牡丹皮 15g，当归 30g，地龙 15g。随症加减，坚持治疗 2 年多。胸闷、头痛减轻，腰椎仍疼痛，活动不利，于 2007 年 10 月起出现频繁抽搐。效不更方，在原方基础上加减。针对最近出现的抽搐，单独处方如下：蜈蚣 60g，全蝎 40g，鳖甲 40g，龟板 40g，生牡蛎 40g，穿山甲（代）40g。共研末，分为 90 包，每次 1 包，每日 3 次，冲服。2008 年 1 月回访，抽搐症状明显减轻，纳可，二便调。

按： 肺癌表现为正虚，邪气乘虚而入，加之化疗更加伤正。肾主骨生髓，脑为髓海，肾不足则髓海空虚，故邪气转移至髓海。治宜养肾精，填髓海，故用益精助阳方剂而取效。久卧伤筋，筋脉失养而发抽搐，治宜滋养筋脉，用鳖甲复脉汤填补真阴，滋水涵木，息风潜阳。

2. 补气生血法

此法针对气血双亏证型的肿瘤患者。放化疗破坏患者自身免疫力，患者正气亏虚，则邪毒更易侵袭，更耗气伤血。气血同源，气为血之帅，血为气之母，阴阳互根，气虚则无力生血，血虚则不能化气，气无所依，气虚者阳渐衰，血虚者阴渐亏。其主症有心悸气短、头昏乏力、自汗盗汗。次症为面色萎黄。舌淡苔薄、脉细或沉细。故治疗应以损者益之，劳者温之，形不足者温之以气，精不足者补之以味为原则。正所谓有形之血不能速生，无形之气所当急固。治疗宜用健脾益肾、补益气血之法。周维顺教授临床常用黄芪、党参、红枣、炙甘草等以健脾补气生血，当归、白芍、鸡血藤、生熟地、水牛角、仙鹤草以补血生血、凉血活血等。

案例 王某，男，50 岁，农民。

一诊：患原发性肝癌（巨块型）在医院动脉插管介入化疗（顺铂 80mg，

氟尿嘧啶 1.0g，丝裂霉素 10mg），2 天后自感头晕乏力、发热（38.5℃），心慌气短，纳减，恶心，脉象弦细，苔薄白稍腻，血常规：白细胞计数从插管化疗前 $6 \times 10^9/L$ 下降至 $2 \times 10^9/L$，血小板计数从 $80 \times 10^9/L$ 下降至 $30 \times 10^9/L$。辨证：气血两虚证。治法：以健脾益气、补气生血为主，佐以清热解毒。处方：党参 20g，生芪 30g，焦白术 10g，猪、茯苓各 15g，生、炒米仁各 30g，当归 15g，杞子 15g，猫爪草 30g，仙半夏 10g，广陈皮 10g，焦三仙各 12g，生甘草 10g，水牛角 30g，鸡血藤 30g，生、熟地各 15g，杭白芍 10g，紫河车 12g，仙鹤草 30g，炙甘草 5g，方中党参根据病情可改用红参 6～10g，每日 1 剂，分 2 次煎服。

二诊：服上药 7 剂后，上述症情明显好转，热度已退，白细胞计数升至 $3.9 \times 10^9/L$，血小板计数升至 $40 \times 10^9/L$。原方去仙半夏、广陈皮，加用红枣 10 枚，仙茅 12g，续服 7 剂后，自觉症状基本消失，血象复查，白细胞计数 $6.5 \times 10^9/L$，血小板计数 $60 \times 10^9/L$。

按：化疗之后患者多呈现脾胃气虚，气血生化乏源，气血不荣头面，故头晕；脾虚运化无权，故乏力纳差；心血亏虚，则心慌气短；气血两亏，血虚气无所依，浮游于外，则现低热。脾胃健则气血易生，故该患者经以健脾益气、补气生血为主，佐以清热解毒之法治疗后，诸症消失。

3. 乙癸共补法

此法针对肝肾阴虚的患者，中医理论认为肾藏精，肝藏血，精血同源，因此肝肾在人体血液的储藏和调节中起着重要的作用，化疗药作为"外邪"进入人体，其骨髓抑制的毒副作用无疑是对这两脏功能的巨大打击，因此临床上治疗以肝肾虚弱为主要临床表现的患者应补益肝肾，以恢复其藏血藏精的功能而达到治疗骨髓抑制的目的。

案例 赵某，男，65 岁，农民。

左肺鳞癌半年，放射治疗 2 个周期，化疗后 1 个月，血象及细胞免疫指标持续偏低。就诊时患者身体消瘦，面色淡白，腰膝酸痛，头晕目眩，下肢无力，干咳，尿色黄，便秘，舌淡，苔薄白，脉细数。实验室指标：血红蛋白 90g/L，红细胞计数 $3.5 \times 10^{12}/L$，血小板计数 $90 \times 10^9/L$，白细胞计数 $3.0 \times 10^9/L$，CD3：62%，CD4：32%，CD8：31%，NK：15%。辨证：肝肾阴虚，气血两亏。治法：补益肝肾。处方：生熟地各 15g，山萸肉 10g，山药 15g，泽泻 10g，茯苓 10g，贞子 10g，桑椹子 30g，当归 20g，阿胶（烊化）20g。14 剂。

按：放化疗常引起血象低下和免疫功能损伤，尽管西医的升白药及免疫

增强剂起效迅速，但作用时间尚难持久，最终患者多有气血双亏、气阴两虚症状。本例患者肝肾阴虚症状明显，中医有肾主骨生髓、肾主藏精及肝藏血之说，阴精亏虚不能涵养肝木，故肝肾虚损，可见血象及免疫功能低下。今以六味地黄汤滋补肝肾，加桑椹子以生津补血、润肠通便，当归、阿胶补血，女贞子滋养肝肾，共奏气血双补、补肾养肝之效。

（嵇　冰）

附：嵇冰主任简介

　　嵇冰，男，浙江省湖州人士，现任湖州市中医院副院长，中西医结合主任医师，浙江中医药大学和江西中医药大学双硕士生导师，教授，博士后，中医治未病科主任，第五批全国老中医药专家学术经验继续工作继承人，浙江省151人才工程第三层次培养人选，浙江省中医药传承与创新十百千人才工程省级中青年临床名中医项目培养人选，湖州市1112人才培养人选，湖州市卫生系统特聘专家，国家中医药管理局区域中医预防保健与康复能力建设项目学科带头人，湖州市高科技人才创新工作室中医保健工作室负责人，湖州市医学重点专科治未病科学科带头人，湖州市中医药重点建设专科治未病科学科带头人。师从全国名老中医药专家周维顺教授和湖州市名老中医顾瑞麟先生。世界中医药联合会治未病专业委员会理事、膏方专业委员会理事、肿瘤外治专业委员会常务理事，中华中医药学会治未病分会理事，中国中医药信息研究分会治未病分会常务委员，中国医促会中医肿瘤防治专业委员会委员，浙江省中西医结合学会保健与康复专业委员会常务理事，浙江省中医药学会体质分会副主任委员，呼吸专业委员会委员，肿瘤专业委员会、中医经典和传承专业委员会委员，湖州市中医药学会副秘书长、治未病分会主委。近年主持国家自然基金1项，参加国家自然基金1项，主持省部级课题3项，主持和主要参与厅级及以上科研课题8项，国家实用新型专利1项，主编《国家级名老中医周维顺恶性肿瘤治疗经验集》《实用中医内科学》医学著作2本，先后在SCI、国家级及省级杂志发表论文40余篇。工作期间屡获佳绩：2015年科研课题《中西医结合治疗抑郁症临床研究》获得浙江省中医药科技进步奖三等奖；2015年科研课题《安神护理适宜技术在缓解血透患者抑郁失眠中的临床研究》获得浙江省中医药科技进步奖三等奖；2013年科研课题《平喘固本汤在改善慢性阻塞性肺疾病稳定期病人肺功能的作用》获得湖州市科技进步奖三等奖；2016年科研课题《安神护理适宜技术在缓解血透患者抑郁失眠中的临床研究》获得湖州市科技进步奖三等奖；2014年获得世界传统医学杰出贡献奖；2017年首届浙江省医坛新秀。2013年获湖州市青年名中医称号；2016年获湖州市科协优秀会员称号；2017年获湖州市十大优秀青年称号；2018年获湖州市最美医生称号。临床上尤其擅长中西医结合治疗内科各种疾病，尤其是各种恶性肿瘤、中医养生调理、肺病和脾胃病，在浙江省及湖州市率先开展四季膏方。

学 术 成 就

第一节　中西结合功底厚

　　在跟随周老师的学习过程中,他常常告诫我们在对患者的诊疗中,应当中西合参,不能罔顾偏废,特别是在恶性肿瘤的治疗中,不仅要善于四诊合参、辨证论治,同时还应当积极学习西医知识,将中西医相互为用,只有如此才能够给予患者最有效、最合理的治疗方法。记得在一次跟师学习中,一位来自嘉兴的患者因为长期反复咳嗽至周老处求诊,周老师仔细问诊后发现患者的症状与肺癌相似,遂询问患者是否进行过胸部 CT 检查,患者回答一直在当地诊所就诊,平素口服一些止咳药物治疗,并未进行过相应的检查。周老师遂安排患者进行了胸部 CT 检查,发现患者肺部有占位,并要求患者住院进一步完善相关检查,后该患者被确诊为肺癌晚期。周老师一直拿此事来告诫我们,对于患者的诊治,一定要悉心问诊,同时根据患者病情完善相应的检查,务必对患者的病情有一个清晰的认识,方能开方下药,切不可盲目诊疗,从而延误疾病治疗的最佳时机。对于周老师的教诲我们一直铭记于心,并用其指引着我们的行医生涯。

　　周老师自年轻时就常常在研习中医经典的同时,还不忘时刻学习西医在恶性肿瘤临床诊疗中的最新进展。周老师认为,与中医不同,西医讲求精准治疗,在对恶性肿瘤的治疗中强调对疾病的规范化治疗,这对于恶性肿瘤患者而言,能够通过不同的检查方法和检测手段对疾病有更为细致的了解,通过精准的治疗,使得患者能够在较短的时间内快速有效地控制病情,甚至通过手术等治疗手段治愈疾病。周老师认为这是西医十分值得借鉴的地方,与中医辨证论治的思路颇有异曲同工之意。因此周老师对于西医的治疗并不排斥，往往在对患者的治疗中不时地辅以西医的诊疗方法，帮助患者获得更好的疗效。并且周老师认为，西医在药理学方面的发展也在不断地推动着中医药的进步，通过对中药的现代研究分析，能够帮助我们更好地认识和应用中药，也能更好地提升中医药在恶性肿瘤治疗中的疗效。但是周老也指出，正是因为西医过于强调精准治疗，在对疾病的治疗过程中，面对发病原因或因素不甚清楚的时候，西医常常束手无措，而仅能停留于通过药物改善患者的症状，即对症治疗来延缓疾病。而中医对于疾病的治疗不仅强调予以辨病论治，还善于辨证论治，运用整体的观念去看待疾病，从中医辨证的角度去分析疾病，通过中药的加减应用，改善人体最根本的气血阴阳失衡，往往能获得不错的疗效。因此周老认为，将西医与中医相融合，共同应用于恶性肿瘤的治疗，对中医药的发展有着重要并且积极的推动作用。周老虽早已年逾花甲，但对于学习的追求仍孜孜不倦，在日常的诊疗中不断地将新的中医经验体会和西医最新的治疗方式运用其中，只为更好地服务患者。周老师这种学习精神值得我们后辈敬仰和学习。

在恶性肿瘤的治疗中，随着近年来靶向治疗、免疫治疗等新的治疗方式的崛起，周老师认为，这是一个属于西医的伟大时代，但是这并不意味着中医的没落，恰恰相反，中医的未来与西医的不断进步有着更为密切的联系。医学的进步不是单方面的，常常在一方面不断发展的同时，另一方面往往也会不断地进步和发展。在肺癌等常见恶性肿瘤的治疗中，随着基因检测和分子细胞学的进步，靶向药物已经逐渐成为恶性肿瘤治疗中的重要一环。患者在从靶向药物治疗中获益的同时，也不得不面对长时间应用后出现耐药及药物副作用等一系列不良事件，对肿瘤患者的治疗及生活质量均产生了一定影响。周老师对于接受靶向治疗的恶性肿瘤患者，多从肺、脾、肾三脏入手，在运用药物扶正祛邪的同时，根据患者的不同临床症状，辨证用药，不仅能够在一定程度上延长患者的用药时间，降低耐药的发生率，还能够有效减轻患者的部分毒副作用，让患者在获得良好治疗效果的同时能够具有较高的生活质量。周老师从细微处入手，并不单纯强调杀死肿瘤细胞，更多的是将"带瘤生存"的理念贯穿于治疗的始终。周老师常说恶性肿瘤是世界医学的难题，解决这个难题不是一朝一夕的事情，我们要在与疾病斗智斗勇的同时，去认识它，了解它，不求一时的疗效，而是要让肿瘤患者能够在生活中获得更好的医学治疗和医学照顾，让患者不必时时忍受病痛的折磨，能够像平常人那样去生活，就是最好的治疗。周老这种医者仁心

的济世情怀深深感染了我们这些莘莘学子，督促我们更加努力地去钻研和去学习，去更好地为患者服务。

中医用药讲求精练，诸药配伍，相互为用，不求大求全，往往数味药物配伍即能够获得良好的疗效，这不仅要求对药物的性味归经有着深入的了解，也要求医者具有深厚的中医功底和丰富的临床经验。周老师行医数十载不断地学习、反思，对于恶性肿瘤的治疗不单单具有深刻的体会，更是针对不同的肿瘤，形成了一定疗效的经验体会，每每应用于临床治疗中，常能获得不错的疗效，如针对肺癌的治疗，周老师不仅强调补肺清肺，同时还注重健脾疏肝，从气机入手，使气机升降出入正常，从脏腑而论，使脏腑功能调和，均能够在一定程度上减轻患者咳嗽、胸闷、咯血等临床症状。周老师用药不单局限于脏腑归经，还善用药对，如陈皮、半夏、柴胡、黄芩，款冬花、浙贝，知母、牛膝，等等，对于改善某些证候具有不错的疗效。西医用药讲求对症处理，针对病因，用药精准，能够在短时间内改善患者的部分症状，周老师也常在日常诊疗中辅以西药，帮助患者缓解症状，并且对于患者的病情，不仅从中医的角度加以阐述，也多有从西医的角度加以补充，在运用中医治疗的同时，根据患者的不同病情，给予相应的西医治疗方法意见，使患者或患者家属能够对疾病及疾病的治疗有一定程度的认识，从而帮助患者更好地面对肿瘤、战胜肿瘤，避免盲目治疗而延误病情。

第二节 病证结合疗顽疾

周老师平时在治疗肿瘤疾病时，用药配伍常常强调应将病证结合起来，针对恶性肿瘤的治疗，不仅应当从辨证论治入手，还应当根据患者的疾病类型、病理分型，参考现代药理学的研究，将临床治疗与药理研究相结合，在辨证施治的同时，加用针对特定肿瘤或症状有疗效的药物，使得全方用药能够具有更好的针对性，同时也是中医个体化治疗的体现。

乳腺恶性肿瘤是妇女常见的恶性肿瘤之一，周老师在临床行医的数十载中，对恶性肿瘤的中医药治疗积累了丰富的临床经验，其中对于乳腺癌的治疗，周老师亦颇具有心得。周老师认为，乳腺癌的发病多由正气不足、七情内伤等因素导致。邪毒内蕴于乳房，日久而形成肿块，其发病与五脏中肝肾的关系最为密切。正如《临证指南医案》所云："女子以肝为先天。"肝主疏泄，调畅一身气机，情志抑郁、忧思恼怒伤肝易致肝气郁结，气机不畅，体内气血津液运化失常，血凝、津停为瘀血、痰湿，日久化火酿毒，痰湿毒瘀蕴结于乳，发为乳癌。而肾为先天之本，主藏精，对机体生长发育及生殖有着重要的作用。《素问·上古天真论》记载："女子二七而天癸至，任脉通，太冲脉盛，月事以时下，故有子。"周老师指出，天癸即由先天之精所化，女子的生长发育完全以"天癸至"为重要的标志，这其中就包括了乳房的生长发育。故周老师治疗乳腺癌这类顽疾多从肝肾入手，强调补益肝肾，同时根据病证的正邪消长、虚实变化，合理地运用疏肝理气、滋阴补肾的治法，来达到控制乳腺癌的目的。

　　周老师通过对治疗乳腺癌所得的临床经验进行总结，指出尽管目前对于乳腺癌的治疗主要依靠现代医学的手术、放疗、化疗、内分泌治疗及靶向治疗、免疫治疗等方法，但中医辅助治疗乳腺癌也具有重要的作用。中医药治疗可以有效地改善患者的机体状况，提高乳腺癌患者的生活质量，同时能够在一定程度上减轻患者在西医治疗期间合并出现的一系列副作用，帮助患者更好地接受西医治疗，获得更高的临床治疗有效率。周老师还提出将中医药治疗应用于乳腺癌治疗的整个过程，贯穿始终并针对性地提出了乳腺癌临床发展阶段的各个中医治疗原则。在乳腺癌的早期，患者辨证以肝郁气滞多见，且常合并脾虚痰湿、冲任失调者，治疗宜疏肝理气、健脾化湿、调理冲任，由于此时患者机体正气尚充足，治疗上当以祛邪为主，用药多以抗肿瘤的中药为君。当乳腺癌发展至中期时，患者以热毒内蕴、气滞血瘀为主，此时治疗上当清热解毒、理气活血，在这一阶段，正邪交争，虚实夹杂，当攻邪与扶正并举，一方面用补益的药物扶助正气，另一方面加用抗肿瘤的药物以祛除邪毒。而乳腺癌晚期的患者则多见肝肾阴虚、气血两亏，治疗上当以补益肝肾、调养气血为主，晚期患者常常表现出正气渐虚，邪气偏盛的趋势，患者多表现出虚证，且不能耐受较为猛烈的药性攻伐，故用药上以扶正为主，辅以攻邪。同时周老师强调，虽然乳腺癌的治法当以调补肝肾为要，但不能一味盲目地运用疏肝理气、滋补肝肾之品。应当在抓住患者证型变化的同时，根据患者的主要症状加以辨证施治，并且临床用药要兼顾到患者的次要症状、机体的虚实变化及正邪消长等，只有这样才能合理准确地用药，不致顾此失彼，甚至加重病情。如周老师指出在乳腺癌气滞型中除可见血瘀证外，还常伴有痰湿内停的证候，治疗上应在疏肝理气、活血化瘀的同时加用化痰利湿、软坚散结之品；而热毒型的患者多合并有耗气伤阴之证候，故当在运用清热解毒治法的同时加用益气养阴的药物以改善阴液亏虚的症状；乳腺癌晚

期的患者由于以虚证为主，且多表现为气血、肝肾亏虚，则不可妄用过多及大剂量的攻邪药物，以免造成由于机体不能耐受攻伐，反而导致亏虚更甚，病情加重的局面。

　　周老师在乳腺癌的诊治过程中注重病证结合，并且根据病情发展变化的各个时期、不同阶段的病症特点，将乳腺癌加以辨证分型，以更好地指导我们临床用药。第一种是肝郁气滞证，此型在临床上多见于乳腺癌的早期，临床常见情绪抑郁，烦躁易怒，乳房胀痛，口苦口干，头晕目眩，舌苔薄白，脉弦。治疗上当注意以疏肝理气、化痰散结为主，周老临床常用的药物有半夏、陈皮、柴胡、枳实、青皮、郁金、山慈菇、夏枯草等，并且周老师根据"肝体阴而用阳"的特点，还加以女贞子、枸杞子、白芍、当归等养血柔肝之品，这样既能助疏肝理气之功，又能制约疏肝理气药物的温燥之性。第二种是气滞血瘀证，此证多由肝郁气滞发展而来，症见乳房刺痛，乳房皮肤青紫，脉络显露，胸闷不舒，舌色红有瘀斑、瘀点，脉涩。治疗上以行气散结、活血化瘀为治，周老在应用疏肝理气药物的基础上，还常配伍当归、川芎、王不留行、漏芦、延胡索、川楝子等活血化瘀、散结止痛的药物。第三种证型则是热毒蕴结证，乳腺癌中期常见此证型，临床表现为乳房红肿溃烂，渗液流脓，同时伴有剧烈疼痛，舌质暗红，苔黄，脉弦数。治疗上施以清热解毒、化瘀散结，周老师常用的药物有白花蛇舌草、蒲公英、猫爪草、半枝莲、夏枯草、胆南星、山慈菇等，以清解热毒，散结消肿。最后一型为肝肾亏虚型，乳腺癌晚期的患者临床上常见乳房溃烂，或肿块坚硬如石，伴有疼痛绵绵，腰膝酸软，潮热盗汗，舌红少苔，脉细数。此时治疗以调理冲任，补益肝肾为主，周老师常用生地、熟地、补骨脂、枸杞子、女贞子、黄精、旱莲草、石斛等以补益肝肾，调养阴液。此外，周老师还指出乳腺癌晚期的患者还常伴有气血亏虚之象，故应加用黄芪、白术、生晒参、灵芝、猪苓、茯苓、当归、白芍、仙鹤草等具有益气养血功效的药物。如此用药气血双补、滋养肝肾正好切合乳腺癌晚期当以补虚为要的治疗原则。

　　周老师在乳腺癌的治疗中除了重视疏肝调肝、补肾养阴外，还常强调调畅情志、健运脾胃两个治法在乳腺癌治疗中的重要作用。正如《格致余论》中所提出的："妇人忧怒抑郁，脾气消阻，肝气横逆。"周老师认为妇科疾病易受情绪变化的影响，特别是在乳腺癌发病的早期，由于抑郁、恐惧、焦虑等情绪的变化，使得肝郁气滞成为主要的病机，并且情志因素会一直伴随疾病的发展，对疾病的变化及预后都存在着一定的影响。故周老师在临床用药上常投以玫瑰花、绿萼梅、合欢皮、远志、香附等调畅情志、舒畅气机之品，以求调理肝气，改善患者的情志。脾胃为后天之本，气血生化之源，脾胃的健运，使得脏腑功能正常、正气得以充养，能够帮助机体提高抵御邪气、祛邪外出的能力，特别是在乳腺癌接受手术治疗、术后放化疗治疗的时候。对于这类患者而言，健运脾胃，固护正气显得尤为重要，周老师临床上常加用焦山楂、生山楂、炒谷芽、炒麦芽、炙鸡内金、六神曲、炒薏苡仁、生薏苡仁等药物以健运脾胃，消食化积，改善患者的食欲，提高患者营养吸收，有助于水谷精微化生气血，补益正气，改善乳腺癌患者机体功能，提高机体免疫力。

如上所言，周老师对于乳腺癌的治疗仅仅是周老将病证结合应用于恶性肿瘤治疗的一个方面，对于临床上恶性肿瘤的中医治疗，周老师秉承着中医病证结合的治疗理念，将中医药治疗融合贯穿于整个治疗过程当中，不仅反映出周老师严谨的行医风格，也展示出周老师高深的医学功底。

案例 患者毛某，40岁，农民。

一诊：于2009年2月因发现左乳结节于江山市某医院行左乳腺癌根治术，术后病理示：左乳浸润性导管癌，免疫组化：ER（++）、PR（++），CerbB-2（++），原手术残腔未见癌组织残留，乳头及基底切除未见癌组织累及，腋窝淋巴结0/3，未见癌组织转移。术后恢复良好，并予化疗4周期（方案不详）。2012年11月患者出现干咳，后症状加重，伴有胸闷气急，气短喘促，2013年1月2日于某肿瘤医院查肺CT提示"左乳术后改变，两肺多发结节，考虑转移；两肺锁骨上、两肺门及纵隔多发淋巴结，部分稍大，左侧胸腔积液"。予胸腔穿刺引流后症状好转。腹部CT提示肝右后叶低密度灶，转移待排，肝右前叶肝内胆管及胆囊结石；左肺下叶压缩性肺不张，左侧中等量胸腔积液。后行左侧颈部淋巴结穿刺术，术后病理提示转移性腺癌。现患者为求进一步治疗来医院肿瘤科门诊就诊，病来神情，精神软，咳嗽咳痰，痰白量多，感胸闷气急，胃纳欠佳，夜寐较差，小便正常，大便干燥成形，近期体重下降5kg。

既往史：既往体质一般，否认高血压、冠心病、糖尿病等重大内科疾病史。否认肺结核、乙肝等传染病史，幼时锄头外伤史，头部有两条约3cm瘢痕。否认输血史、中毒史。否认药食物过敏史。预防接种史随社会。

过敏史：否认食药物过敏史。

体格检查：体温37.0℃；脉搏72次/分；呼吸18次/分；血压112/68mmHg。

神清，精神可，全身皮肤巩膜无明显黄染，头部有两条约 3cm 瘢痕。右侧锁骨上可触及 1 枚米粒大小淋巴结，质硬，边缘清，活动度差。左胸壁可见长约 15cm 手术瘢痕，愈合可，其上可见一约 1.5cm 手术伤口，愈合尚可。左乳缺如，颈软，左肺下叶呼吸音弱，叩诊浊音，其余肺叶未闻及明显干湿啰音，左肺下叶可见一穿刺引流导管。心率约 72 次 / 分，律齐，各瓣膜听诊区未闻及明显病理性杂音。肝脾肋下未及，全腹无压痛及反跳痛，腹部未及明显肿块，移动性浊音（-），双下肢不肿，神经系统检查（-），舌淡苔白，脉弦滑。

辅助检查：

（1）2009 年 2 月江山市某医院行左乳癌改良根治术术后病理示：左乳浸润性导管癌，免疫组化：ER（++）、PR（++），CerbB-2（++），原手术残腔未见癌组织残留，乳头及基底切除未见癌组织累及，腋窝淋巴结 0/3，未见癌组织转移。

（2）2013 年 1 月 2 日某附属肿瘤医院肺 CT：左乳术后改变，两肺多发结节，考虑转移；两肺锁骨上、两肺门及纵隔多发淋巴结，部分稍大，左侧胸腔积液。

（3）2013 年 1 月 5 日某附属肿瘤医院行左颈部肿块吸取：转移性腺癌。

中医诊断：左乳癌。

证候诊断：痰湿内蕴证。

西医诊断：①左乳癌术后多处转移（左乳浸润性导管癌）；②左侧胸腔积液，首先考虑转移。

治法：化痰祛湿，宽胸利气。

处方：漏芦 10g，蛇舌草 15g，半枝莲 15g，蒲公英 15g，三叶青 15g，猪苓 15g，茯苓 15g，杏仁 10g，浙贝 10g，牛蒡子 15g，瓜蒌皮 30g，薤白 10g，葶苈子 30g，莱菔子 30g，焦山楂 30g，炒稻芽 15g，炒麦芽 15g，炙甘草 5g，炒米仁 30g，米仁 30g，鸡内金 15g，陈皮 10g，橘络 10g。共 7 剂。水煎服，浓煎 120ml，早晚分服。

二诊：2012 年 2 月 11 日，患者神清，精神软，咳嗽咳痰较前稍有改善，咳痰色白，量中等，仍感胸闷气急，无痰血胸痛，胃纳一般，夜寐一般，二便无殊。舌淡苔白，脉滑。辨证为痰湿内蕴证。治以补肺健脾，化痰利湿。处方：漏芦 10g，蛇舌草 20g，半枝莲 20g，蒲公英 20g，三叶青 20g，猪苓 15g，茯苓 15g，杏仁 10g，浙贝 10g，牛蒡子 15g，瓜蒌皮 30g，薤白 10g，葶苈子 30g，莱菔子 30g，焦山楂 30g，炒稻芽 15g，炒麦芽 15g，炙甘草 5g，炒米仁 30g，米仁 30g，鸡内金 15g，陈皮 10g，橘络 10g，制半夏 10g，生黄芪 20g，女贞子 12g。共 7 剂。水煎服，浓煎 120ml，早晚分服。

按: 周老师认为治疗乳腺癌应从肝肾入手，治病求本，注重运用疏肝调肝、补益肝肾之法并将其贯穿于乳腺癌治疗的整个过程。本医案患者出现肺转移，以肺部的临床表现辨证为痰湿内蕴证，因此周老师在治疗乳腺癌的基础上加用理气宽中、化痰平喘的药物，标本兼治，治疗以肺脾同治、补益肝肾为要。此外，周老师根据多年的临床经验将乳腺癌分为肝郁气滞、气滞血瘀、热毒蕴结、肝肾亏虚4种证型，并在此基础上根据患者的病情变化，适当调整用药，既符合中医传统的辨证论治，又能有效地改善患者的不适症状，体现了将整体和局部相结合的治疗观念。

第三节　清热解毒攻坚城

周老师对治疗恶性肿瘤的经验进行总结时，常强调清热解毒治法在恶性肿瘤治疗中的重要性，盖因周老师认为，恶性肿瘤在发生发展过程中，热毒在其中往往是一个重要因素。实体恶性肿瘤的发生必然伴随着肿块的生成，而对于血液系统的恶性病变临床辨证也多可见热毒之象。周老师强调恶性肿瘤的发生发展无外乎虚、毒、瘀三者相互作用的结果，如《中藏经·论痈疽疮肿》所云："夫痈疽疮肿之所作也，皆五脏六腑蓄毒之不流则生矣，非独营卫壅塞而发者也。"人体正气不足，外邪乘机侵袭机体，即为中医所说的"邪之所凑，其气必虚"。故恶性肿瘤的发生是以正气亏虚，邪气内侵为基础。周老师指出人体的虚证无外乎气血津液的亏虚，任何一方面的虚损耗伤都会相互影响，这正是中医整体观念的体现。而气血津液的亏虚，在逐步发展过程中会伴随着血瘀、痰凝、湿阻的出现，这些邪毒因素在机体内结聚停滞，日久则会化热，热邪与邪毒相互作用，生为热毒，造成耗气伤阴，而虚证的加剧，使得阴虚血少，不能制约热毒，则热毒更甚，进一步损伤机体导致疾病的进展、恶化。因此周老师治疗恶性肿瘤提出以清热解毒为基本治则，同时辅以活血化瘀、化痰散结、健脾益气、滋阴补肾等治法，并且结合患者的临床症状，针对性地用药，获得较好的治疗效果。并且周老师从现代医学角度出发指出，肿瘤的局部炎症、感染及癌性毒素的释放在机体均可表现出热毒的征象。而具有清热解毒功效的抗癌中药除有直接抗菌、抗病毒的作用外，还具有直接抑制肿瘤生长及清除癌性毒素的作用。故周老师在临床辨证用药

上强调对清热解毒治法的运用体现。

　　周老师在恶性肿瘤的治疗中常用的清热解毒类的抗癌中药主要包括半枝莲、半边莲、白花蛇舌草、蒲公英、三叶青、猫爪草、猫人参、藤梨根、水杨梅根、野葡萄根等。现代药理学对半枝莲、猫人参、猫爪草、蒲公英、蛇舌草、三叶青等具有清热解毒功效的中药研究，也证实上述中药均具有抗肿瘤的治疗作用。周老师常从药物的性味归经及结合现代药理学的研究结果，根据不同恶性肿瘤的毒邪不同种类，加以用药进行解毒治疗。比如半枝莲能够通过下调肺癌因子的蛋白表达，抑制肺癌细胞生长。白花蛇舌草则能逆转肺癌细胞对顺铂的耐药，同时对肺癌细胞也有一定的抑制作用。猫人参可以抑制肺癌 A549 的 EGFR 表达，三叶青能够诱导 A549 细胞的凋亡等。故在肺癌的治疗上，上述三味药为周老所常用。在对肝癌的治疗中，周老师常选用白花蛇舌草、猫人参、三叶青、蛇六谷、猫爪草、山慈菇、王不留行、夏枯草、土茯苓、露蜂房等具有清热解毒功效的中药，现代药理学研究亦表明，上述药物对肝癌细胞有着抑制和诱导凋亡的作用。特别是在肝癌的早期和中期，周老师尤为强调清热解毒药物的应用，且临床用药多联合为用，充分反映出周老师对恶性肿瘤早、中期以攻邪为主的治疗理念，同时佐以柴胡、白芍、郁金、丹参、梅花等疏肝理气药物，既可作为引经药物，又能起到舒畅肝气的作用，有利于肝脏功能的恢复。又如在结肠癌出现便血、腹胀等症状时，周老师依据"通因通用"的治则加用大黄，以攻下除积、祛瘀清热解毒，解除结肠癌的瘀热毒邪。当恶性肿瘤患者进行放疗或同步放化疗时，所表现出的咽干、口渴、皮肤发红干燥、情绪烦躁、心烦呕吐、食欲不振、大便干结等一系列症状，均为热毒伤阴、阴虚火旺的证候，周老师此时多用沙参麦冬汤、六味地黄汤、养阴煎等方剂养阴生津，可以有效减轻射线和化疗药物所致的副作用。

　　在对清热解毒药物的应用上，周老师也常提出自己的见解。

　　一则，其认为由于恶性肿瘤患者的体质存在着差异性，以及对不同药物的敏感性不同，加之清热解毒药物在药性上往往偏于寒凉，易于损伤脾胃功能，即中医所说的"苦寒败胃"，故周老师并不提倡过早、盲目地运用大剂量的清热解毒药物，主张根据患者的病情和体质从小剂量开始用药，逐渐增加清热解毒药物的剂量，但亦不可过快、过猛。特别是对于出现寒湿证及阳虚证表现的患者，周老师往往会根据患者的病情，暂时停用清热解毒药物，注重以健脾益气、温阳散寒、化湿散结为主，待患者症状改善后，再酌情用药。

二则，临床上周老师强调治疗恶性肿瘤，清热解毒虽为重要治则，但从中医整体观念出发，还应当考虑到病证多样、虚实错杂等情形。癌毒的存在，不能忽视"瘀"在其中的作用。癌毒瘀结，会阻碍气血运行，造成气滞、血瘀等证候，日久发为肿块、积聚，因此将癌毒归属于瘀毒也是一种对恶性肿瘤的认识，瘀毒在临床表现上多以肿块或机体某一部位疼痛为主，疼痛可以表现为刺痛、胀痛、酸痛等多种形式，这类疼痛多以夜间为甚，或伴有出血，多见暗红色血块，低热及进行性消瘦等，严重者甚至可出现关格等危重证候。周老师指出癌毒既生，往往是在各种内外致病因素共同作用导致脏腑功能失调的基础上，进一步影响脏腑的功能，造成气血津液的运行输布失常，脉络瘀阻，水湿痰凝，导致痰瘀毒邪内生，癌毒与痰、瘀互结又促进了恶性肿瘤的发生、发展；若见余毒盛，则余毒旁窜于脏腑经络，从而造成恶性肿瘤的转移，因此癌毒瘀结交阻也是恶性肿瘤发生发展的一个重要病机，故在治疗上施以清热解毒治法的同时还应当兼顾到活血化瘀、化痰祛湿、软坚散结、调畅气机等治法，并将其贯穿于疾病治疗的始末，热毒去，瘀毒散，方能有效地控制恶性肿瘤的发生发展。

三则，周老师尤为强调的是中医治疗疾病当活学活用，不可盲目照搬，清热解毒治法虽重要，但应当在临床辨证论治的基础上加以应用，中医治疗恶性肿瘤不能离开辨证，正如程钟龄在《医学心悟》中所言："热者寒之，是也，然有当清不清误人者，有不当清而清误人者，有当清而清之不分内伤外感以误人者，有当清而清之不量其人不量其症以误人者，是不可不察也。"所以对于清热解毒治法只有在辨证准确的情况下加以应用才能对恶性肿瘤起到有效的治疗作用。周老师每每教导我们，中医学习最忌讳的就是书呆子，不能灵活应用，只有在临床正确辨证，才能合理用药，方能有疗效，不至延误病情，伤及患者，足见周老师的严谨医风。

案例 患者，韩某，男，83岁，农民。

一诊：于2011年1月无明显诱因出现咳嗽，咳痰，胸痛，痰中带血，到当地医院查肺部CT提示右肺叶占位，边缘毛糙，考虑肺癌可能，给予纤维支气管镜检查，局部取活检示腺癌。2011年2月入医院行右肺肺癌根治术，术后病理提示腺癌，患者拒绝行放化疗，一直于外院口服中药至今，具体用药不详。今患者为求进一步治疗到医院肿瘤科门诊就诊。症见：患者神清，精神尚可，近期咳嗽较剧，干咳无痰，感胸闷不舒，无胸痛气急，胃纳较差，时有干呕，不欲进食，夜寐较差，大便数日一行，小便正常，近期体重下降

2kg 左右。

既往史：既往体质一般，否认高血压、冠心病、糖尿病等重大内科疾病史。否认肺结核、乙肝等传染病史，2011 年 2 月行右肺肺癌根治术，否认外伤及其他重大手术病史。否认输血史、中毒史。否认药食物过敏史。预防接种史随社会。

过敏史：否认食药物过敏史。

体格检查：体温 36.5℃；脉搏 78 次 / 分；呼吸 18 次 / 分；血压 117/72mmHg。神清，精神软，消瘦貌，自主体位，全身皮肤巩膜无明显黄染，颈部、锁骨上下、腋窝及腹股沟等区域浅表淋巴结未触及肿大，颈软对称，颈静脉无怒张，气管居中，甲状腺未触及肿大，双肺呼吸音清，未闻及明显干湿啰音；心界不大，心率 78 次 / 分，律齐，各瓣膜区未闻及明显病理性杂音，腹部平软，右侧腋下可见一长约 5cm 的手术瘢痕，愈合可，无压痛、反跳痛，肝脾肋下未及，墨菲征（-），移动性浊音（-）；脊柱四肢活动正常，双下肢不肿，神经系统检查（-）。舌红少苔，脉细数。

辅助检查：2011 年 2 月 23 日医院术后病理提示（右肺）腺癌。

中医诊断：肺积。

证候诊断：肺阴亏虚证。

西医诊断：右肺癌术后（腺癌）。

治法：补肺养阴，健脾和胃。

处方：半枝莲 15g，蛇舌草 15g，猫人参 15g，猫爪草 20g，猪苓 15g，茯苓 15g，川贝 10g，杏仁 10g，炙紫菀 15g，炙冬花 15g，桔梗 12g，南沙参 15g，北沙参 15g，制玉竹 12g，炒竹茹 12g，瓜蒌皮 30g，薤白 15g，桑白皮 15g，鸡内金 15g，焦山楂 30g，炒稻芽 15g，炒麦芽 15g，炙甘草 5g，炒米仁 30g，米仁 30g。共 7 剂。水煎服，浓煎 120ml，早晚分服。

二诊：患者神清，精神软，咳嗽较前减少，能咳出少许白色痰液，胸闷气急缓解，无血痰胸痛，无恶心干呕，胃纳尚可，夜寐可，大便数日一行，小便正常。舌淡红苔白，脉细滑。辨证为肺脾气虚证。治以补肺益阴，健脾理气。

处方：半枝莲 15g，蛇舌草 15g，猫人参 15g，猫爪草 20g，猪苓 15g，茯苓 15g，制半夏 10g，杏仁 10g，桔梗 12g，南沙参 15g，北沙参 15g，瓜蒌皮 30g，陈皮 10g，橘络 10g，灵芝 30g，薤白 15g，白扁豆 30g，鸡内金 15g，焦山楂 30g，炒稻芽 15g，炒麦芽 15g，炙甘草 5g，炒米仁 30g，米仁 30g，制大黄 15g。共 7 剂。水煎服，浓煎 120ml，早晚分服。

按：周老师治疗肺癌除了擅长从肺、脾、肾三脏论治，还根据多年的临床经验对肺癌患者的病理分型及部位进行总结归纳分型，周老师认为肺小细胞肺癌中鳞癌患者多见痰湿壅肺的证型，腺癌则多见阴虚痰热的证型，而肺泡癌以脾虚痰湿多见。本医案患者为肺腺癌患者，表现以阴虚痰热证为主，因此周老师治疗注重补益气阴，清热解毒。而对于另外两种病例分型周老师指出应分别以宣肺化痰、清热解毒、健脾祛湿为治则。周老师指出临床上治疗恶性肿瘤应当将其与西医相结合，相互取长补短，相互借鉴，总结归纳出其中的临床经验，有利于更好地治疗肺癌患者，延长患者的生存期，提高患者的生活质量。

第四节 兼顾脾胃护正气

早在 2000 多年前，医家们就已经认识到了正气是预防疾病发生发展的关键。正如《黄帝内经》所云："正气存内，邪不可干。"又如"邪之所凑，其气必虚"，均强调了正气在保护机体、抵御邪气中的重要作用。特别是在疾病的治疗过程中，只有正气充足才能够防止邪气深入，避免疾病的加重，同时祛邪于外，促进疾病的康复。周老师在不断研习中医经典的同时，结合自己从医数十载的临床经验，指出正虚邪实正是肿瘤发生的基本病机，而脾胃功能失调则是肿瘤发生的基本病因。周老师指出，《黄帝内经》所提及的"平人之常气禀于胃，胃者平人之常气；人无胃气曰逆，逆者死""人以水谷为本，故人绝水谷则死脉，无胃气亦死"，均是强调脾胃功能的正常，与患者疾病的预后之间所存在的紧密联系。特别是在医家李东垣所著的《脾胃论》中提出："元气之充足，皆由脾胃之气无所伤，而后能滋养元气。若胃气之本弱，饮食自倍，则脾胃之气既伤，而元气亦不能充，而诸病之所由生也。"很好地阐述了脾胃为滋养元气之源，元气是人身之本，脾胃伤则元气衰，元气衰则疾病生。并进一步强调了脾胃在充养正气及疾病发生发展中的重要作用。周老师认为绝大多数恶性肿瘤患者均脾胃功能失调在先，进而致使气血生化乏源，正气得不到充养，导致正气亏虚，各种致病因素趁机入侵机体，日久而发展成为肿瘤，伴随着正气进一步亏虚，恶性肿瘤出现并进一步进展恶化，最终导致疾病的发展不可逆。

周老师认为治病重视脾胃功能的恢复和调节，自古便有之。如《医林绳墨》中所记载的："人以脾胃为主，而治病以健脾为先。"又如《慎斋遗书》所

云："诸病不愈，必寻到脾胃之中，方无一失。"周老师认为恶性肿瘤发生发展的基本原因在于脾胃功能的失调，因此在临床治疗恶性肿瘤中非常注重兼顾调理脾胃，且应当将调理脾胃贯穿于肿瘤治疗的整个过程中。周老师告诫我们不管是因先天禀赋不足，或是因为后天失于调养，饮食不当损伤脾胃，抑或情志不畅，忧思伤脾等，这些因素均可导致脾胃功能的损伤，反映在疾病的发生发展过程中主要表现在以下 4 个方面：①脾胃不能运化水湿，或者输布失常，致使水湿痰饮停聚于脏腑、肌肤腠理，日久成积或形成水肿；②脾胃亏虚，人体之气无以充养，导致正气亏虚，气虚无力推动血液运行，致使气滞血瘀成积，化为肿块；③脾胃不能运化水谷精微至五脏六腑、筋肉肌肤腠理，致使脏腑、筋脉、肌肉、肌肤等全身组织失于濡养，出现功能失调，使得邪气入侵机体，日久而生肿瘤；④脾胃功能失调，导致腐熟、吸收、运化水谷精微的功能下降，水谷精微缺乏，正气失养，致使机体正常的生理功能及免疫功能出现下降，易感外邪，留于机体而生肿瘤。其主要病机变化包括脾胃虚寒、脾胃气虚、胃燥热盛、胃阴不足、肝郁脾滞、肝胃不和等。

周老师在临床处方用药中主要从两个方面调理脾胃：一是重视调理虚实；二是注重调畅气机。两者常相互为用，相辅相成，不拘于一法。周老师临证用方选药常以性味偏于甘味的中药调理脾胃，皆因五味中甘属脾，甘味入脾经，又能调脾气，随证化裁用药，脾得阳始运，胃得阴始安。甘味善于补中，以甘温之剂运其气，周老师对于脾气虚的患者常用黄芪、党参、太子参、生晒参、炒白术、山药、薏苡仁、炙甘草等以益其气；辛甘之剂助其阳，而对于脾阳虚的患者，周老师则常用饴糖、黄芪、桂枝、大枣等以助阳；甘寒之剂清胃热而兼以滋胃阴，对于胃火热盛的患者，周老师多用生地、鲜芦根、石斛、天花粉、玄参、知母、淡竹叶等以清胃热而不伤胃阴；酸甘之剂化其阴，周老则喜用五味子、乌梅等药养阴生津，对于胃阴虚证的患者大有裨益。

周老师在调理脾胃的同时，还强调调畅人体气机，其主要从两方面入手，一方面根据脾宜升则健、胃宜降则和的原则，运用升脾气、降胃气的方法以调畅脾胃气机，临床用药常以仲景经方为基础，如半夏泻心汤、生姜泻心汤、甘草泻心汤等加减，此类方中寒温并用，辛开苦降，升降兼施，能够很好地调畅脾胃的升降，周老师临证用之得心应手，每每屡试不爽。另一方面周老师常通过调和肝脾来达到调畅全身气机的作用；肝主疏泄、脾主运化，两者在人体气机调畅方面存在着一定的联系，肝气失疏泄，使得气机郁滞，无助于脾之升散，从而导致"木不疏土"（即"肝脾不和"）的变化，临床多表现为胸胁胀闷，胃纳不香，口干口苦，甚至出现恶心、呕吐等，周老师临证常以逍遥散、痛泻要方等为基础方进行加减；肝、胃同属中焦，肝气郁滞，必然会横逆犯胃，导致胃失和降，致使肝胃不和，患者常常表现为嗳气吞酸、口苦、恶心呕吐，情志变化时尤甚。针对此证，周老师则用柴胡疏肝散等加减以疏肝理气、和胃利胆，疗效显著。此外周老师在肿瘤的诊治过程中十分推崇《黄帝内经》中所提出的"治中焦如衡"的观点，强调选药应以轻灵为主，且时刻不忘顾护脾胃之气。在以补益为主的方药中加入白豆蔻、木香、陈皮、砂仁、香附、莱菔子等调气，取其通调脾胃之气，使全方补而不滞，滋而不腻，无碍脾胃的运化功能；在以温热为主的方药中加入麦冬、石斛、玉竹等滋养脾胃阴液的药物，以防温燥之性太过而耗伤脾胃阴液；在以清热解毒为主的方药中加入焦山楂、焦神曲、炒谷芽，炒麦芽、鸡内金等健脾和胃，化解全方苦寒之性可能导致的败胃伤阴，使全方纳运相合，攻邪而不伤正。

周老师指出，恶性肿瘤发生发展的基本病机为正虚邪实，故在疾病的整个治疗过程中应注意到调理脾胃的重要性，使脾胃功能正常，水谷精微运化输布正常，正气得以充养，能够祛邪于外，以收平复之功。并且周老师指出在疾病治疗中应以攻补兼施，且补且攻的原则加以辨证施治，不可盲目一味使用攻法，亦不可盲目一味运用补法；在调理脾胃的过程中，扶正培本，待正气渐复，能够耐受攻伐时，把握好时机，逐渐加用祛邪药。周老师临床常用的祛邪药主要有猫人参、猫爪草、半枝莲、半边莲、白花蛇舌草、薏苡仁、莪术、龙葵、三叶青、蒲公英、白英、夏枯草、肿节风、石见穿、冬凌草、鳖甲、威灵仙、山慈姑、水杨梅根、藤梨根、野葡萄根、山海螺、平地木、无花果、海浮石、昆布等，针对不同的邪实和肿瘤类型，选用不同的治疗药物。运用补法时，应当根据患者的具体情况，切不可盲目用补药，以避免出现"虚不受补"的情况，同时周老师还常常告诫我们，临证用药还应当考虑到药物的归经，五行的生克，在上述理论的指导下调理脏腑，适当地选用平补还是峻补，循序渐进，才能够达到扶正祛邪的目的。周老师临床常用的扶正方剂有参苓白术散、香砂六君子汤、八珍汤、六味地黄汤、归脾丸、麦门冬汤等，临床常用的补益药物有黄芪、党参、南沙参、北沙参、太子参、生晒参、西洋参、猪苓、茯苓、薏苡仁、白扁豆、麦冬、天冬、石斛、玉竹、白术、熟地黄、阿胶、山药、山茱萸、女贞子、灵芝、仙茅、仙灵脾等。其中的许多中药都兼具扶正祛邪的双重功效。

周老师还在融合现代医学的基础上，根据患者所处的治疗的不同阶段，

辨证用药。现代医学已经将手术、化疗、放疗、靶向治疗及近年来新兴的免疫治疗作为目前治疗恶性肿瘤的主要手段，因此在运用中医药治疗恶性肿瘤的过程中应充分认识到其可能对患者机体所造成的影响，根据患者机体情况，灵活选方用药，随证施治。例如，周老师认为肿瘤术后往往表现为气血不足，脏腑、气机功能紊乱，此时治疗当以调理脾胃功能为主，盖因脾胃为气血生化之源，脾胃调和则气血生化有源，气血得充。用药上宜轻清，以平补为宜，饮食宜当强调清淡味轻之品，若食以滋腻厚味，不仅会影响脾胃功能，造成食积不化，甚至会使机体出现"虚不受补"的情况，加重脾胃功能的失调。而对于化疗，周老师结合其所常见的胃肠道反应，指出此阶段患者多会出现脾胃功能失调，临床症候多以气血两虚、脾肾两虚、肝肾两虚为主，治疗在调理脾胃的同时，随证辅以益气补血、补益脾肾、补益肝肾等药物，能够很好地缓解患者化疗期间出现的胃肠道反应，以及骨髓抑制等毒副作用；放疗往往造成患者出现阴虚的表现，周老师以此指出放疗犹如中医所指的热毒，宜耗液伤津，临证多表现为气阴两虚，故在治疗上用药以养阴清热、生津润燥的同时，应注意顾护脾胃之气，使阴液、津液运化输布正常，能够有效到达脏腑、筋肉、肌理，使得全身机体功能调和。并且周老临床用药随症加减，亦颇具特色，在临证用药时对于舌苔厚腻者酌加藿香梗、佩兰、石菖蒲、白扁豆衣、草豆蔻等以化湿和胃；失眠者酌加酸枣仁、远志、首乌藤、合欢皮、郁金、龙骨、牡蛎、珍珠母等以安神定志；出虚汗者酌加浮小麦、麻黄根、瘪桃干、稽豆衣、五味子等以收敛固表止汗；咳嗽者酌加紫菀、款冬花、百部、前胡等以润肺化痰止咳；寒痰者酌加仙半夏、皂角刺、干姜、细辛以温肺化痰；热痰者酌加浙贝、川贝、天竺黄、竹茹等以清肺化痰；咽痒者酌加牛蒡子、薄荷、蝉蜕、射干、马勃等以清咽利喉；胸闷气急者酌加葶苈子、苏子、白芥子等以宣肺祛痰；胃纳差者酌加焦山楂、六神曲、鸡内金、炒谷麦芽等以健脾消食；恶心呕吐者酌加陈皮、姜半夏、旋覆花、代赭石、姜竹茹等以理气降逆止呕；呃逆频繁者酌加柿蒂、丁香、刀豆子等以降逆止呃；腹胀痛甚者酌加延胡索、川楝子、香茶菜等以活血行气止痛；腹泻者酌加乌梅炭、石榴皮等以收湿止泻；大便秘结者酌加决明子、大黄、厚朴、枳实等以泻下通便；便血者酌加仙鹤草、侧柏炭、茜草炭、血见愁等以收敛止血。

脾胃为后天之本，气血生化之源。周老师在恶性肿瘤的诊疗中，不单单注重祛邪，还强调兼顾扶正，而扶正的重点即在于固护脾胃，在治疗恶性肿瘤时，扶正当从脾胃入手，责其根本，使脾胃调和，运化输布功能正常，并将这一理念贯穿于治疗始末，在脾胃健运，正气渐复的基础上，配以攻邪，既不可一味用大补之药，亦不可一味用虎狼之药，强调平衡的整体观念。在临证中随证施治、灵活化裁，才能充分发挥中医药的优势，调整患者的脏腑功能，增强患者生活的勇气与信心，从而提高患者生存质量，最大限度地延长患者的生存期。

案例 患者，陈某，女，69岁，退休。

一诊：患者因长期反复腹泻于2012年1月就诊于浙江省某医院，发现腹部脐周肿大包块，血CA125升高，妇科检查考虑子宫内膜增厚，建议刮宫治疗，患者拒绝。2012年3月因出现阴道出血至某医院住院治疗，查胸片示两肺结节，阴道分泌物涂片病理示腺癌。于2012年3月9日在全身麻醉下行"全子宫切除术＋双附件切除术＋大网膜切除术＋横结肠部分切除术"，术后病理诊断：中分化子宫内膜样腺癌。后于2012年3月至2012年9月于某医院行TP（紫杉醇＋奈达铂）方案化疗，共6周期，化疗过程顺利，出院后定期复查示病情稳定。现患者为求进一步治疗至医院门诊就诊。症见：神清，精神软，自诉常感心悸、乏力，腹部偶感胀满不适，胃纳一般，夜寐尚可，小便正常，大便偏稀，每日1～2次，近期体重未见明显改变。

既往史：既往体质一般，有慢性支气管炎史50年，胆结石病4年，否认冠心病、糖尿病、高血压等其他重大内科疾病史；否认乙肝、结核等传染病史；手术史如上诉，否认外伤史，子宫全切术期间输血1次，否认输血反应；预防接种史随社会。

过敏史：有甲地孕酮过敏史，表现为皮疹，否认食物过敏史。

体格检查：体温36.8℃；脉搏82次/分；呼吸18次/分；血压123/80mmHg。神志清，精神软，面色偏淡，皮肤、巩膜无黄染，右侧锁骨上可触及一枚黄豆大小淋巴结，质软无压痛。余浅表淋巴结未触及明显肿大，气管居中，甲状腺未触及明显肿大；两肺呼吸音清，未闻及明显干湿啰音；心率82次/分，律齐，各瓣膜听诊区未闻及明显病理性杂音；腹平软，腹部正中可见一长约20cm手术瘢痕，愈合可，肝脾肋下未及，全腹未触及明显肿大包块，左下腹轻压痛，无反跳痛，墨菲征（－），移动性浊音（－）；神经系统检查（－），双下肢无水肿。舌淡苔薄白，脉沉细。

辅助检查：

（1）2012年3月9日某医院病理诊断：中分化子宫内膜样腺癌，浸润至肌层，累犯宫颈管、左输卵管及右卵巢，伴大网膜转移。

（2）2012年9月10日某院全腹CT平扫＋增强：①子宫内膜癌术后改变；

②腹膜后多发小淋巴结；③肝右后叶结节灶；④胆囊结石，胆囊炎。

中医诊断：子宫内膜癌。

证候诊断：脾胃气血两虚证。

西医诊断：子宫内膜癌术后。

治法：健脾益胃，益气补血。

处方：半枝莲 15g，蛇舌草 15g，猫人参 15g，猪苓 15g，茯苓 15g，当归 12g，白术 10g，枳实 10g，川芎 12g，生地 15g，熟地 15g，山药 30g，莱菔子 30g，鸡内金 15g，焦山楂 30g，炒稻芽 15g，炒麦芽 15g，炙甘草 5g，炒米仁 30g，米仁 30g，黄芪 30g，女贞子 12g。共 7 剂。水煎服，浓煎 120ml，早晚分服。

二诊：患者神清，精神可，面色较前改善，自诉乏力、心悸较前好转，胃纳可，夜寐一般，二便无殊，舌淡苔薄白，脉沉细。辨证为气血两虚证。治以补益气血、扶正抗癌。

处方：半枝莲 20g，蛇舌草 20g，猫人参 20g，猪苓 15g，茯苓 15g，当归 12g，白术 10g，生地 15g，川芎 12g，山药 30g，鸡内金 15g，焦山楂 30g，炒稻芽 15g，炒麦芽 15g，炙甘草 5g，炒米仁 30g，米仁 30g，黄芪 30g，女贞子 12g，赤芍 10g，白芍 10g。共 7 剂。水煎服，浓煎 120ml，早晚分服。

按：患者为子宫内膜癌术后，手术治疗易耗伤气血，故周老认为手术后患者多出现气血两虚证，该患者常感心悸、乏力，面色偏淡，均为手术后出现气血两虚证候的表现，且化疗后，脾胃受损，受纳、运化功能失司，出现腹部胀满不适，胃纳欠佳，大便偏稀等症状，通过结合四诊，辨证为脾胃气血两虚证。治疗宜以健脾益胃、益气补血为主，同时周老考虑患者年龄较大，且经过手术、化疗等治疗，机体整体功能较差，故清热解毒抗癌等药物不宜过重，用药上当循补益为主，攻邪为辅的原则。患者复诊时，气血两虚症状较前好转，已无腹胀不适等症，故去枳实、莱菔子，因破气除胀用药不应久服，一则耗气，二则不利脾胃气机恢复。方中熟地过于滋腻，久服碍胃，亦可去之。酌加养血合营、活血的赤芍、白芍等药物的同时，可适当增强清热解毒抗癌的药物用量，以增强扶正抗癌的作用。

第五节　随症加减治标本

周老师针对不同的恶性肿瘤及其并发症、恶性肿瘤治疗过程中的毒副作用的治疗也颇具心得。周老师常常强调尽管目前恶性肿瘤的治疗以现代医学为主，但中医药在其中同样能发挥重要的作用，尤其是在缓解恶性肿瘤患者的临床症状等方面具有重要的作用。

牙痛为头面部肿瘤患者接受放疗后常见的并发症。周老师在治疗过程中指出放疗后牙痛应为虚实夹杂之证，其病因病机主要包括两个方面：一是放疗应归属于中医的热毒，往往会耗损人体阴液，阴液受损，则肾阳无所依附，虚阳外浮于骨之余；二是从西医的角度而言，在行放疗治疗后，牙龈、牙髓等局部细胞组织受热造成坏死形成瘀血，阻于局部脉络，不通则痛，瘀血日久而化热，热胜则出现牙龈肿痛。所以周老师临证用药取味厚质重的熟地以滋培肾水、填补真阴、收敛浮阳；用怀牛膝以补肾填精、引气血下行、降浮阳；因手足阳明经络于上下牙龈，又用能够入阳明经的生石膏以清实热；骨碎补入足少阴肾经，且能入骨，而齿为骨之余，故能引药入经，同时骨碎补具有破血、蚀烂肉的功效，能够消散牙龈、牙髓局部的瘀血。四药合用，共奏补消之功。周老师考虑到生石膏乃性味寒凉之品，为避免寒凉败胃，周老师多嘱患者不可长期服用。若期间见患者胃纳欠佳、舌苔腻，多提示患者体内湿浊偏盛，此时周老师多配伍阳春砂、草豆蔻、白豆蔻、石菖蒲、佩兰、青蒿、苍术等芳香化浊祛湿、健运脾胃之品，以防熟地滋腻碍胃；若患者脾胃虚寒，周老师则去生石膏而用气平而又泻火不伤脾土的蒲公英，或方中酌加温中而燥的炮姜、川椒以制其寒凉之性。

肺癌患者临床常常出现咯血，周老师在临床上将咯血的病机归纳为木火刑金、胃热乘肺、燥热伤肺、阴虚火旺等证，并指出证候虽有虚实之不同，但病位皆在肺，概由肺络局部受灼或受咳嗽刺激，破损出血而成。因肺脏为娇脏，清虚而娇嫩，不容邪干，毫毛必咳，所以对于咯血的治疗必须及时有效，避免造成血溢脉外、积聚于肺而引发恶性循环，即中医所云"急则治标"的情况。又因"血者喜阴而恶寒，寒则涩而不流"，故周老师善用正治法，以清热凉血化瘀为治。所以用药多取集凉血、化瘀、止血功效为一身的仙鹤草，且仙鹤草具有补虚强壮的作用，可以同时发挥扶助正气的作用；又以具有收敛止血、生肌功效的白及来修复破损之肺络，从而塞源止流。诸药合用，止血不留瘀，祛瘀而生新，能够有效改善肺癌患者的咯血症状。

周老师还善于治疗肿瘤患者的失眠多梦。周老师认为肿瘤患者出现失眠多梦，多与恐惧、忧思、焦虑等情志因素相关。长期情志不畅，多造成心中阴血暗耗，则体内营血不足，是故夜间卫阳入内而阳无所恋，复浮于外，形

成阳不入阴、阴阳不交的局面，造成魂魄妄行的病理状态，引起失眠、多梦。如《灵枢·大惑论》所言："卫气不得入于阴，常留于阳，留于阳则阳气满，阳气满则阳跷盛，不得入于阴则阴气虚，故目不瞑矣。"所以周老师临床常投以大剂量的五味子，取其性味酸，善收敛固涩之性，以敛肺金之气，金收则水藏，水藏则阳秘，阳秘则上清而下温，精固而神宁；又加以磁石，取其重镇安神、兼以入肾，以养真阴、镇浮阳；配以琥珀以定心安神。三药相伍，能补、能镇、能安，故能使阴阳交合，安神定志。且琥珀一药能够活血利水，水气相类，利水之用，必有降气之功，气降则血降，所以三药相配治疗气血壅滞于上的头面部肿瘤患者的失眠、多梦尤为有效。同时周老师还告诫我们，方中应用大剂量的五味子，会导致酸味过重，引起胃酸分泌过多，若平素有反酸、烧心之症，此药应减去不用，而以合欢皮、夜交藤、柏子仁代之。若舌腻有痰，应配伍法半夏、陈皮、石菖蒲等祛湿化痰；若脾胃虚弱，则应仿磁朱丸之意，配以神曲等温养固护脾胃之品，以免金石之剂伤及脾胃而雪上加霜。

　　化疗后出现的手脚麻木常常是由于化疗药物的神经毒性而形成周围感觉性神经病变，其中以铂类制剂常见。周老师认为此证多由化疗药物损伤营卫气血的循行经络通路，导致营卫滞而不行，形成气滞血瘀之证，治疗上应以宣通经络、理气活血化瘀为主，理气活血当选用温通之品。故周老师取宣通三焦气分的木香，行气导滞以行血；又以川芎辛香温窜，通达三焦阴阳气血；加用性行而不住的王不留行以通利血脉。若手足麻木症状持续时间较长或辨证有气血亏虚征象者则加入黄芪、当归、鸡血藤等补助气血、养血舒筋活络之药；以上肢麻木为主者加入片姜黄、桂枝、桑枝以走上肢；以下肢麻木为主者则加入虎杖根、怀牛膝以走下肢；若服药后麻木消退不明显者，则须加重活血化瘀之品，选用具有宣通脏腑、贯彻经络、透达关窍的穿山甲（代）片，并配伍补气之药，如黄芪、党参等，取其补气活血行血之意。

　　此外周老师还根据疾病的不同病机加以临床用药，如外感六淫、内伤七情等因素多引起气机升降出入的异常，导致气滞、气郁、气聚，从而引起血滞、血瘀。瘀积日久便成肿块、肿瘤。在恶性肿瘤的形成过程中气机的失调起到一定的推动作用。故临床治疗恶性肿瘤，理气化滞是重要治法之一，尤其是对食管癌、胃癌、肝癌、乳腺癌、肠癌的治疗。周老师临床常用的药物有柴胡、八月札、广木香、青皮、陈皮、乌药、枳壳、川朴、香附、降香、枳实等。此外瘀血也是恶性肿瘤形成的重要因素。因气滞、气虚不能推动血液运行而导致瘀血的产生，加上外邪入侵，损伤脉络，造成血溢脉外，停留在经脉、脏腑组织之间，日久可形成肿块和肿瘤。活血化瘀也是周老治疗各种恶性肿瘤常用的治法之一。周老师应用较多的药物有三棱、莪术、赤芍、丹参、乳香、没药、红花、虎杖、牛膝、王不留行、桃仁等。而就正邪交争的角度而言，肿瘤形成则是正气先虚，然后客邪留滞引起的一系列病变的结果，也就是现代医学所认定的人体内部环境稳定性及机体内外相对平衡遭到破坏时，在致癌因素作用下而导致肿瘤形成。周老师指出在恶性肿瘤的治疗中注意补虚扶正，能起到预防肿瘤发生和发展的作用。并且部分具有补益作用的中药，同时也具有一定抗肿瘤的功效。周老师临床总结的有人参、白术、薏苡仁、绞股蓝、当归、生黄芪、太子参、女贞子、百合、北沙参、麦冬、天冬、补骨脂、枸杞子、菟丝子、山萸肉、大枣、茯苓等。除了上述提及的理气、活血、扶正等治法，周老师根据恶性肿瘤常存在热毒结聚的证候，而提出清热解毒、软坚散结也是治疗各种恶性肿瘤必不可少的重要治法。其中周老师临床常用的具有清热解毒功效的中药包括半枝莲、白花蛇舌草、白英、龙葵、猫爪草、藤梨根、水杨梅根、野葡萄根、蛇莓、蒲公英、野荞麦根、苦参、肿节风、金银花、连翘、黄芩、黄柏、黄连、山栀等。而选用既能软坚散结又能抗癌的药物多以夏枯草、牡蛎、昆布、海藻、土贝母、山慈菇等为主。

　　周老师临床还善于应用药对，如将猪苓与茯苓配伍，两者均具有利水消肿、渗湿的功效，其中猪苓利水作用强，却无补益之功，而茯苓性平和，能补能利，既能渗泄水湿，又能健脾宁心，两者配伍应用，既可健脾宁心，又可增强利水渗湿之功。生米仁与炒米仁相配伍，两者虽同为一物，但生米仁入药，能清热渗湿，利水消肿，祛湿除痹，缓和拘挛；炒米仁则可健脾止泻。两药合用，可增强健脾补肺，渗湿利水之功。在健脾开胃方面，周老师常将炒麦芽、炒谷芽两者共用，两者功效同类，均有健脾开胃、宽中消积、和胃补中的作用，但麦芽消食力强，谷芽和养功胜，麦芽力猛，谷芽力缓，麦芽消面食，谷芽消米食，故两者常常相须为用，以增强疗效。又如焦山楂与鸡内金同用，焦山楂能健脾开胃，消食化滞，活血化瘀；鸡内金能生发胃气、健脾消食。两者合用，可使胃气生，脾气健，肝气疏，胃口开，食欲增。尤其对恶性肿瘤放疗、化疗后的胃阴受损，胃气大伤者疗效明显。化痰止咳则以南沙参配北沙参。北沙参质坚，南沙参质松，北沙参力强，南沙参力弱。《本草便读》记载"清养之功，北逊于南，润降之性，南不及北"。南沙参

养阴生津，润肺止咳之力弱，北沙参养阴生津，润肺止咳之力强。合而用之，可增强药效。又如紫菀配款冬花，紫菀味甘苦温，归肺经，化痰止咳；款冬花辛温，入肺经，润肺下气、止咳化痰。两药相须配伍，能温肺化痰，痰去咳自止，蜜炙则润肺止咳效著，两药温润不燥，宣肺祛痰而不伤正。杏仁配浙贝母，杏仁善于宣肺止咳、降气平喘；浙贝母长于清肺化痰、止咳。杏仁以宣降肺气为主，气降则咳喘止、郁滞散、痰浊消；浙贝母以化痰为主，痰化则气顺，咳止喘宁。二药配伍使用，痰气并治，共奏宣肺降气、清热化痰止咳之功，对于肺癌肺虚久咳或痰热壅肺者疗效显著。

案例 患者，王某，女，46岁，职员。

一诊：于9月前在某医院体检行胸部增强CT：右中肺占位性病变。2月26日于另一医院全身麻醉下行"VAST下右中肺根治术"，术中见肿块位于右肺中叶，伴肺门及纵隔淋巴结肿大。术中病理提示：（右中）肺腺癌，支气管切缘阴性。术后病理：中央型中－低分化腺癌（右中肺叶）。肿瘤大小：3.5cm×3cm，支气管切缘阴性，累犯肺膜，自检支气管旁淋巴结1枚，未见癌转移。淋巴结病理送检可见6/16阳性。术后无明显诱因下出现乏力，时有气急。4月13日至8月26日在医院行化疗（培美曲塞0.735g第1天＋顺铂30mg第1天＋顺铂40mg第2～3天）4次，过程顺利。现为求进一步治疗来医院门诊就诊，入院诉：稍感乏力，偶有干咳，无痰，无胸闷气急，近3个月自觉右上腹局部皮肤疼痛，胃纳一般，夜寐欠安，二便可，近期体重无明显减轻。

既往史：既往体质一般，否认高血压、冠心病、糖尿病等重大内科疾病史。否认肺结核、乙肝等传染病史，既往有"甲亢"病史近2年，治疗赛治（甲巯咪唑）5mg，每日1次。否认输血史、中毒史。预防接种史随社会。

过敏史：否认食药物过敏史。

体格检查：体温36.6℃；脉搏102次/分；呼吸19次/分；血压126/74mmHg。神清，精神软，全身皮肤巩膜无黄染，双颈部、双锁骨上浅表淋巴结未触及肿大，气管居中，右肺呼吸音低，未闻及明显干湿啰音，右侧胸廓及后背部有一延肋间长约20cm的手术切口，心率102次/分，律齐，各瓣膜区未闻及明显病理性杂音，腹平软，无压痛及反跳痛，肝脾肋下未及，墨菲征（－），移动性浊音（－），双下肢无明显水肿，神经系统检查（－）。舌淡嫩苔薄白，脉沉细。

辅助检查：

（1）2012年2月4日胸部CT平扫＋增强：①右中肺占位性病变，性质待查；②右上肺增殖灶；③两侧甲状腺低密度灶；④肝内钙化斑。

（2）2012年2月26日右中肺癌根治术：肿块位于右肺中叶，伴肺门及纵隔淋巴结肿大，术中病理提示：肺腺癌，支气管切缘阴性（右中）。

（3）2012年3月2日术后病理：大小（右肺肿块）：3cm×3.5cm，中低分化腺癌；淋巴结6/16阳性；切缘阴性。

中医诊断：肺癌。

证候诊断：肺脾气虚证。

西医诊断：肺癌术后。

治法：补肺健脾，益气养阴。

处方：半枝莲15g，蛇舌草15g，猫爪草15g，猫人参15g，猪苓15g，茯苓15g，杏仁10g，浙贝10g，陈皮12g，橘络12g，五味子15g，天冬15g，麦冬15g，延胡索15g，川楝子10g，香茶菜15g，鸡内金15g，焦山楂30g，炒稻芽15g，炒麦芽15g，炙甘草5g，炒米仁30g，米仁30g。共7剂。水煎服，浓煎120ml，早晚分服。

二诊：患者神清，精神尚可，自诉已无干咳，常觉口干，胃纳一般，夜寐较差，夜间汗出较多，小便正常，大便偏干。舌淡红苔少而干，少许裂纹，脉沉细。辨证为肺肾阴虚证。治以滋阴益气，补肺益肾。处方：半枝莲20g，蛇舌草20g，猫爪草15g，猫人参15g，猪苓15g，茯苓15g，生地20g，玄参15g，天冬15g，麦冬15g，夜交藤30g，酸枣仁30g，合欢皮30g，川石斛15g，女贞子12g，焦山楂30g，青蒿10g，鳖甲15g，浮小麦15g，炒稻芽15g，炒麦芽15g，炙甘草5g，炒米仁30g，米仁30g，生黄芪30g。共7剂。水煎服，浓煎120ml，早晚分服。

按：周老师治疗肺癌多从气阴两方面入手，就治气而言，首先注重理气以帮助肺主宣发肃降功能的恢复，善用杏仁、浙贝、陈皮、桔梗等，其次善于补益肺脾之气，肺癌患者受癌毒热邪侵袭日久，必然会导致肺气亏耗，故应注意补益肺气，同时还当补益脾气，补土生金，补脾气有助于肺气的恢复，且脾气健运，机体气血精微运化输布正常，气血生化有源，也有利于机体的恢复。从治阴而论，肺气亏损进一步发展必然导致肺阴亏耗，且金水相生，肺阴与肾阴两者之间有着紧密的联系，疾病的最终发展则是肺肾阴虚，故滋阴在肺癌的治疗中也具有十分重要的作用。用药当注意肺肾同补，肾阴为阴液化生之源，肾阴得补则肺阴生化有源，标本兼治，才能达到补益肺肾的目的。故周老师在治疗肺癌的整个过程当中极为强调根据五行相生的原则，综合用

药以达到并突出补益气阴的重要性。

（张　峰）

附：张峰医师跟师心得

2011 年我有幸考入浙江中医药大学攻读硕士学位，在那之前其实对于周老师并不甚了解，现在回望那段时光，很庆幸自己能成为周老师带的最后一届研究生。因为跟师学习的那段日子，不仅让我从周老师那儿学到了很多中医治疗恶性肿瘤的经验，也让我从周老师那儿学会了如何为人处事，如何当好一名医生。周老师给予我的不仅是医学道路的启蒙，更是教会了我一生受用不尽的学习态度。

刚入校门那会，自己从大学本科每日苦读的学习生活中解脱出来，也不必像其他同学那样过早地进入职场打拼，感觉一下子轻松许多，对于日常学习其实并不放心上。渐渐进入了颇有些自由散漫的学习生活状态，直到有一次周老师让我去随他抄方学习。初见周老师看上去很和蔼，他亲切招呼我坐在他的身边，简单地问了问我的老家情况，到杭州来习不习惯等问题，让我一下子感受到了周老师对于我们这些学生的关怀。来向周老师求医问诊的患者很多，周老师对每一位患者都非常有耐心，详询病情，对症下药。让我在旁边感受到了一位医学大家的风范。当天门诊结束后周老师特地问了我这天的心得体会和几个关于《黄帝内经》的原文和释义，我当时却没能很好地回答这个问题。第一次让我感受到了自己的懈怠和尴尬，周老师当时并没有责备我，而是将那天看病用药的一些心得体会慢慢说给我们听，并不时引用《黄帝内经》《伤寒论》等古籍中的原文加以阐述，周老师的博学和认真深深地打动了我们在场的每一位学生，也让我深深地认识到了自己的不足。从那时起我又像本科时那样重新燃起了学习的热情，鼓励自己不能辜负了周老师对于我们的谆谆教导。那次抄方经历对我的研究生学习起到了重要的作用，让我没有辜负那三年人生中美好的时光。周老师不仅是学习上的良师，在日常生活中也处处体现出对我们的关怀，特别是对于我们这些外地来的学生，我们往往面临着对于陌生环境的不适应，以及生活中的困难，周老师常常施以援手，帮助我们解决生活中的难题，让我们能够更好地融入杭州这座城市，一心一意在中医药的知识海洋中畅游学习。

周老师自身严谨的治学态度、优良的医风医德深深影响着我们这些学生。

并且周老师的为人处事中常常秉承谦虚低调的风格，在其被评为国家级名老中医后更让我们这些学生感受到了周老师的这些优良品德。周老师在获得这一殊荣后，面对我们这些学生及周边同事的祝贺和赞美时，常常表现出谦虚的态度，他常说："这是国家对我的肯定和认可，但是我更希望用我的医术去获得广大患者的肯定，只有这样才能对得起国家级名老中医的称号。这不仅是一种荣誉，更是一种鞭策，激励我自己更好地去为患者服务，去解除患者病痛。"老师的这番话语让我深深感受到了他的那种一心为患者，一意除病痛的大医风范。周老师不仅谦虚，更为令人敬佩的是低调的生活作风，即便是名老中医，在生活上周老师一直低调朴素，不招摇。常常和我们这些学生一起吃食堂、挤公交，生活作风极为简朴。在常人的眼中这就是一位和蔼可亲的老者，却很少有人知道这位老者背后所获得的诸多荣誉。周老师对我的影响，不仅仅是一位老师教我行医看病，更多的是影响了我的行医生涯，他告诫我作为一名医者的责任与态度，更激励我在今后的行医路途上谦虚、谨慎、勤学。

能够跟随周老师学习是我人生中的一大幸事，感恩周老师给予我的帮助和谆谆教诲，在以后的学习、行医的道路上更好地做一名医生，为患者提供更好的医疗服务。

第六章

桃李天下

第一节 再入学堂拜名师

一、萌生念头

2004 年的秋天，这时距离我本科毕业已经有 4 年了，在这 4 年里我一直在社区卫生服务中心工作，从事临床中医门诊工作，运用自己在本科学到的专业知识，在临床上不断实践摸索中医之路，也医治了一些患者。但是随着工作时间的延长，不断碰到一些疑难病例，自觉力不从心，越来越发现自己的专业技术能力已经无法再胜任目前的临床工作，尤其是在中医辨证论治的能力上，仅仅依靠自己的摸索和书本上的一些知识，在中医探索的道路上越走越窄。过去自认为熟记中药、方剂和内科学，没有病看不好，后来才发现中医的理论其实是非常深奥的，在临床过程中如果没有高人的指点，仅仅依靠自己盲目地探索，会使自己陷入一个非常迷茫的境地。因此那一年我决定考研，专业是中医学。在如何选择研究的方向上，我考虑了很久，由于在临床上经常会遇到一些肿瘤患者，并且往往会束手无策，激发了我从中医角度研究肿瘤诊治的兴趣，所以很快我就在研究生报名表中填上了自己的志愿：中医学，中医药防治肿瘤方向。

二、初入师门

经过几个月的认真备考，我终于通过了初试，接下来就要选择导师了。在我一位师姐的引见下，我拜见了周维顺主任。周老师当时是浙江省名老中医，浙江省中医院肿瘤科主任医师，在临床上对于中医药防治肿瘤具有 40 多

浙江中医临床名家·周维顺

年的临床经验。在我本科实习时就曾经有幸跟他进行抄方，虽然时间并不长，但是已经对周老师的精湛医术有了初步的认识并深感佩服。所以当时怀着非常崇敬的心情与周老师进行了第一次的见面，我记得当时是在浙江省中医院肿瘤科主任办公室，周老师和蔼地询问了我一些个人情况及大致工作经历情况，非常肯定我在这几年临床上取得的成绩，中医是一门强调实践的学科，光是学好理论知识并不够，需要在实践中检验和积累，不断地产生疑问，然后再进行系统的学习，这是一名研究型中医师必须要经历的道路。比起其他没有上过临床的同学来说，我这几年的临床实践是一个非常宝贵的经历。周老师还再三强调目前对于肿瘤的研究，一定要从中医和西医两方面的角度进行学习，虽然我们是中医专业，中医药防治肿瘤是我们的本行，但是目前从世界范围来说，现代医学技术还是主流，新的药物和技术不断地发展，对于中医来说是有极大帮助的。最后周老师鼓励我好好准备复试。

当时我对周老师的这些话还没有深刻的认识，但随着半年以后走上了临床实践发现，中医和西医的诊治并不矛盾，他们在临床上是相辅相成、相互促进的，所以在学好中医的同时，我们也要有扎实的西医基础。

经过初试和复试的严格筛选，我终于获取了浙江中医药大学研究生录取通知书，实现了我求学的梦想。尽管当时我已经在当地医院取得了一些成绩和地位，但为了实现我成为一名真正中医学者的愿望，为了在肿瘤中医治疗研究上有更大的进步，也为了更好地服务广大的患者，我义无反顾辞去了稳定的工作，重新回到校园进行学习。

三、重入课堂

研究生的学业非常繁重，作为一名专业型医学硕士，要在短短第一学期学完所有的课程，周老师鼓励我要把中医理论知识的基础打好，他说中医虽然是一门实践性、经验性很强的学科，但是扎实的基础理论是前提。中药、方剂要烂熟于心，信手拈来，但这仅仅是基本功。数千年来无数的名医名家，他们的实践经验及在此基础上所著的理论性的经典著作，是我们学好中医的敲门砖，多背诵经典，多读中医古籍是一名中医学研究生的必备功课。周老师常常拿他年轻时的求学经历来举例，他年轻时 5 点半准时起床，诵读医书，废寝忘食，厚厚的笔记做了十几本，这些资料在今后的从医生涯中发挥了十分重要的作用。他指出，年轻的时候记性最好，外界的干扰也最少，是学习

的最佳时期，要坚持教室、图书馆、寝室三点一线的作息规律。中医这门学科一定要静下心来，关起门来苦读，教科书上的知识对于一个本科生来说是必须要掌握的东西，而对于一个研究生来说，要有研究性的、创新性的思维，要对临床上的问题，进行深入的探讨，需要查阅大量的资料，经过分析去解决。

开学后不久，老师就开始为我们举办各种讲座，尤其要求我们这些新生尽可能参加。到现在我还记得第一堂讲座的内容是肠癌的中医诊治。在讲座中，周老师把肠癌的中医认识背景、病因病机、临床表现、辨证分型、治则治法和调养预防以及常用的方剂和中药，讲得非常透彻，充分显示出其扎实的理论基础和丰富的临床经验。

四、进入临床

经过半年的理论学习以后，我来到省中医院肿瘤内科开展了临床研究和实习。报到的第一天，周老师把我叫到办公室，语重心长地为我今后的实习计划提出了宝贵的建议。周老师说进入临床以后，临证愈多，愈显自短，需要更加深入地研读《黄帝内经》《伤寒论》《金匮要略》《难经》等中医经典名著，并对金元四大家、明清医学大家对于肿瘤的认识要有较为系统的学习和总结。只有在继承前人学术的基础上，才有可能进一步的发展和创新。在科室里要虚心向临床带教老师学习，各位老师都在临床上从事中医诊治肿瘤多年，有着丰富的临床经验，每个老师都有自己的特点和专长，只有认真学习，才能够成为自己的东西。此外现代中医已经不同于传统中医，临床上各种实验室检查和检验日新月异，各种新的诊疗技术不断应用，这些在科研和临床上都可以被中医借鉴，不要排斥高科技的东西。

秉承着周老师的叮嘱，我终于正式走上了中医治疗肿瘤的道路。每周周老师都有大量的门诊，是我们学习中医、传承周老师学术思想最好的机会。周老师作为名老中医，理论功底十分扎实，理法方药环环相扣，以理法为先，方药次之，临床患者非常多，病种也十分繁杂，但每次见周老师问诊时都能从凌乱的症状中找到疾病根结的所在，审症求因，抓住疾病的本质，往往会取得良好的效果。

在看病的过程中，周老师会让我们进行试诊，考察我们四诊和辨证论治的功底，然后从病因病机、四诊摘要入手，纠正我们在临床实践中的不足和错误。周老师强调肿瘤的病因具有广泛性，而辨识病因是辨证的第一步，重在四诊，尤其是问诊，人们处于当今生活条件优越的社会中，生活习惯、社会心理等方面的变化更加繁杂，更需要明察。

有一次我在对一个胃癌患者进行诊治时，根据患者一般的表现判断为热证，考虑给予清胃散加减，但是周老师在经过二便问诊及腹部触诊后，判断该患者为寒热错杂之证，建议我在寒凉的药物中增加干姜、附子之品，并指出临床上纯寒、纯热之证虽有，但大多为寒热错杂，甚至不乏真热假寒及假寒真热，此外患者久病以后必有虚证，容易出现虚实的变化，临床辨证时不能为假象所迷惑，定要仔细辨别，抓住关键症状。这需要不断地临床积累，潜心琢磨。

周老师对于肺癌和消化道肿瘤心得颇深，例如，肺癌晚期患者中常会出现阴亏症状，周老师十分重视对于阴液的固护，认为"留得一份阴液就保得一份生机"，并常以"舌质之红淡与否""舌苔之燥润与否""舌苔之黄白与否"作为判断津液亏盈的重要依据。在胃癌的治疗上周老师善于用清热之法，他认为从病因病机上讲，在胃癌发生发展的各个时期，都有可能产生火热的病理变化，但是要注意热之虚实，也就是要分清实热还是虚热，同时还要结合脏腑的生理病理特点而区分用清热化湿、清热泻火、清热化瘀、疏肝清热、滋阴清热等不同的治法。同时他也指出，因胃癌在其进展过程中，尤其是在中晚期，病机错综复杂，症状变化多端，所以在临床上用清热法治疗胃癌时要注意辨清病证之寒热，不可固执己见而滥用清热解毒法，只有热证方能用清法，如出现胃脘冷痛，得温则舒，喜暖喜按，形寒肢冷，大便溏薄，小便清长，舌淡苔白腻，脉沉缓之寒证切不可用之，以免产生变证。在胃癌的发展过程中，可出现热邪和他邪相杂之候，此时要区别诸邪之轻重，以决定用药之主次轻重。清热之药多苦寒败胃，故在使用中要特别注意对胃气的养护，故可加用炒谷麦芽、鸡内金等健脾开胃之品。在胃癌晚期，正虚多于邪实，则以补虚扶助正气为首要，祛邪为次之。

周老师对于中药的运用出神入化，游刃有余，尤其是对于一些抗肿瘤药物的使用，如猫人参、蛇六谷、香茶菜、三叶青、蒲公英等，在不同肿瘤诊治过程中的取舍、配伍及用量极为熟悉。看似普通的一位中药在周老师手中运用得炉火纯青。

周老师在给我们带教时已年近花甲，但是他依旧精力充沛，工作在临床第一线。每周一都是周老师雷打不动的查房时间，一查就是一个上午，有时连吃饭都顾不上。一次在讨论一位患者黄疸出现的原因时，周老师从中医和

西医不同的角度对其进行判断分析，认为首先要从宏观上分清是肝炎、结石还是肿瘤，必须判断是阳黄还是阴黄，以及寒湿与湿热之间的转变，同时要预判到黄疸向鼓胀、积聚的方向发展，在辨证治疗时更能理清寒、热、湿、瘀、虚等因素之间的关系。面对危重的肿瘤患者，周老师常常告诫我们，要学岐黄之术，怀济民之心。

在肿瘤内科经过 6 个月的学习以后，周老师建议我去别的科室进行轮转，他指出除了重视本专业的研究外，也要关注其他学科的发展。肿瘤的发展不是一个局部的病变，而是机体全身功能的异常，这是中医整体观早已为我们明确指出的方向，只有从整体去把握肿瘤的发生发展规律，才能全面认识肿瘤的本质。于是我分别在呼吸科、消化内科、内分泌科、血液科等科室进行轮转，分别开展了临床实践。对各个系统的肿瘤有了全面的认识。周老师不断提醒我，现代化的中医不仅仅是对于四大经典的继承，更要在前人的基础上，运用现代化的科技手段去不断创新发展其内涵，因此，我又花大量的时间到放射科、超声室、病理科等辅助科室进行轮转，对临床肿瘤学科的前沿发展和现代化的诊疗技术有了全面的了解，为我今后的科研实践活动打下了扎实的基础。

五、专研学术

周老师十分看重学术研究，对于研究生的科研工作也非常关心，他善于总结临床经验，自己曾经撰写论文 100 余篇，从点滴之中形成和完善自己的理论体系，探索出一条中医治疗肿瘤的道路。为了提高我们的科研能力，他精心指导我们写作，要求我们多从临床上收集资料，整理病案，通过撰写论文来提高临床诊治的水平。要求我们从进入临床的第一天，就要开始收集病例，确定写作思路，在周老师的指导下，我在研究生期间共发表论文 4 篇，因此在读研期间多次获得奖学金，并且在毕业时被评为浙江省优秀毕业生。毕业论文的撰写过程中，周老师呕心沥血为我们修改，专门聘请了行业内的专家，为我们进行了开题，指出问题所在。周老师不止一次地强调要重视开题的重要性，他认为专家提出的意见越多越有利于我们对于试验的修正。

六、学业有成

经过 3 年的学习，我顺利完成了学业，当我的毕业论文通过答辩，拿到毕业证书那一刻时，突然感到无限的伤感，我就要离开周老师了。这3年来周老师对我的悉心培育和指导历历在目，对我的叮咛和嘱咐反复在耳边回响，由于我能力有限，时光短暂，并没有能够完全吸收周老师中医治疗肿瘤理论全部的思想精髓，也还没有完全掌握周老师的临床经验。但就我已学到的知识而言，已经使我受益匪浅，将永远成为我职业生涯中的宝贵财富。尤其是周老师全心全意为患者服务，以人为本的那种人文情怀，以自己精湛的医技拯救痛苦的患者于水火之中，尽一己之力挽救患者的生命，这种崇高的品德和精神值得我一辈子去追求。

毕业以后不久，周老师也由于年龄的原因退休，但他仍然坚持每周门诊，德艺双馨的他在中医的道路上不断执着地追求着，探索着，如今已经成为第五批全国老中医药专家学术经验继承工作指导老师，国家中医药管理局又给他专门成立了全国名老中医药专家周维顺传承工作室。虽然已经不能和周老师朝夕相处了，并且由于工作较忙，平时只能电话和周老师交流分享临床诊治经验，听取周老师的指导和建议。但不管多忙，每年总要抽出时间拜访周老师，每次和周老师的交流，无论是在学业上还是在生活上都会使我收获颇丰。周老师是我探索中医道路的领路人、指南针，谨以此文表达我对周老师长期以来教诲的感谢，并祝他老人家身体健康。

（钱　钧）

第二节　言传身教传真知

一、言传身教获新知

我从小就听父母说中医药治病如何伟大如何有效，加上书本、影视的传奇故事、武侠小说渲染，让我对中医充满了好奇和渴求，从初中便瞒着家人买各种武术、气功、医疗实用手册阅读，而且母亲体弱多病，经常吃药还是反复发作胃溃疡和胆囊炎，所以高考我毅然报考了江西中医学院，虽然家里觉得西医学院可能找工作更好，可对中医的爱好还是让我选择了学习中医。

2000年从江西中医学院大学本科毕业后，为了进一步提高个人中医知识，我没有直接工作，毅然选择报考硕士研究生。于2001年我顺利拿到浙江中医学院（即如今之浙江中医药大学）中医专业的录取通知书，当时是不分专业的，只有内科专业，具体专业方向要到中医学院复试时再确定。所以先到中医学院研究生处报到，然后坐车到浙江中医学院中医系（地点设在浙江省中医院）报到，由时任中医系主任的儿科专家俞景茂老师负责安排找导师，然后根据专业安排小组复试。选择导师复试之前先坐在办公室等待，当时因为我母亲的疾病，我其实是中意于消化专业的，但是尚未决定选取哪个专业，正犹豫中，俞景茂老师领着一个高大魁梧、面色红润的老师走进办公室，把我叫过去，告诉我这位老师是肿瘤科的周维顺老师，是中医大家，中西医结合肿瘤技术高超，他第一次招收研究生，问我要不要去复试。我当时私心地想：是第一个学生，老师总会"尽心"一点，可以得到"真传"，所以答应了，复试顺利通过。就这样，我误打误撞地变成了周老师的开山大弟子，从此开启了我的中西医结合肿瘤学习之路。后来周老师无意中说起我才知道，周老师是因为我当时考试成绩在中医内科第一名才挑选的我。

开学第二个月周老师就要求我去跟师抄方，一大早到诊室一看，里面病历本摞着几十本，外面还有候诊的几十个患者。老师正一个个看，大部分都是复诊患者，拿着上次看病的处方，当时就一个进修医师和我两个人为他抄方，我们一个人帮着书写门诊病历本，一个人帮着抄写处方单，每个患者老师问诊完毕后就在原来处方上面修改，形成新的处方，然后进修医师根据问诊内容书写病历，而我则一式两份誊写处方，一份交药房，一份患者留底下次就诊用，老师写字极快，字迹不好辨认，我紧张得不得了，不停地问老师字，老师虽然忙碌，但都能仔细回答我。长期下来，老师的字迹我也都可以辨认，而且老师带着浓重江山口味的普通话也能完全听懂了。

另外，除了门诊，周老师还需每周进入病房查房，在实习期间其实我们都很怕周老师查房，每次都认真准备资料。因为他喜欢提问，他觉得只有提问才能充分了解每一个同学对知识的掌握程度。而我们必须在他查房的前一天温习病史，记下检验单，还要担心老师提问，回答不出来是要挨批评的。但是这样三年下来，我们不但学到了很多临床经验，而且还学到了一个极其重要的学习方法：理论联系实际，临床与课本相关联。老师每次都教导我们，学习不能光死记硬背书本知识，还必须联系临床实际；老师还教导我们，记笔记是一方面，回去还要自己看书进一步学习，查缺补漏。为此他还安排了一系列的肿瘤相关书籍让我们在课余学习。

就这样，我慢慢地进入了肿瘤学大门，通过学习，慢慢了解到恶性肿瘤是目前临床中对人类生命威胁最大、死亡率最高的一种常见病和多发病。西医学认为，在正常胚胎发育及再生修复过程中，在人体和细胞本身的控制下，细胞进行有顺序、有规律的分化和增殖。如果在致癌因素作用下，破坏了人体和组织的本身控制，导致细胞的异常分化和增殖，就会引起肿瘤的滋生。它的致病原因包括内因和外因两方面。外因方面来自周围环境和致癌因素，包括化学、物理、生物等方面；内因方面主要是人体免疫功能低下，内分泌平衡失调和神经功能紊乱，加上先天遗传因素和先天缺陷。而对这一类疾病的治疗，目前国内外大多采用综合治疗，包括手术、放疗、化疗、免疫、中医中药、气功、针灸、激光、冷冻及心理治疗等方法。在这些治疗方法当中，中医中药可以说是各种恶性肿瘤都可以运用的治疗方法之一。因此，如何进一步研究中医药对恶性肿瘤的治疗原则和治疗方法，提高疗效，亦是直接关系到恶性肿瘤患者早日康复和最大限度的延长存活期，减少疾病痛苦的重要难题。

周老师在恶性肿瘤的中西医结合治疗肿瘤上形成了自己鲜明的特色。从中医学角度认为恶性肿瘤的发生原因和病理机制主要是气、血、痰、瘀、毒、虚六个方面的病变，即气滞血瘀、痰凝湿聚、热毒内蕴、经络瘀阻、脏腑失调、气血亏虚。因为所有肿瘤都有着大致相同的发生、发展和形态学变化的共同基础，以及病理、生理、化学改变的共同规律。因而它们的治疗原则都可采用异病同治和同病异治，标本兼顾，扶正祛邪，虚实补泻，热者寒之，坚者削之，结者散之，留者攻之，损者益之，也就是理气化滞，活血化瘀，化痰利湿，清热解毒，扶正培本的原则。而由于肿瘤发病阶段不同，邪正消长不一，来诊的患者体质也不一，如属肿瘤早期，患者正气未衰，瘤体尚小时，宜以祛邪攻癌为主，体质弱者当加用扶正药物。肿瘤中期，患者正气尚可，瘤体较大，可采用攻伐兼施。肿瘤晚期，患者正气虚衰，瘤体增大，且有多部位、多脏器转移和扩散，宜以扶正为主，适当加些抗癌药。在治疗方法上，则应采用内治与外治相合，传统医学辨证和单、偏、验方相合，中医中药与其他（如放、化疗、激光、冷冻、手术、免疫）治疗相结合。

热毒，是火热温毒之邪，是恶性肿瘤的主要关键病机，而所谓毒是指邪之炽盛。中医认为热为温之渐，火为热之极，该三者异名同类耳。热与火只是程度不同，热极可以化火。火虽属六淫之一，但在临床上，我们很少把它看作是一种外邪，而认为火是在体内产生的内火，外感诸邪之后，都能化火化热；内伤七情及脏腑功能失调，也都能生热化火。各种病理因素蕴积体内也都可以化火化热，如瘀血、痰积、气滞、水湿等。表现上火为阳邪，其性

炎上，最易伤津、动血、灼阴、耗气。火热之邪内蕴体内，客于血肉，壅聚不散，则可酿成痈脓，或发为肿瘤，所以说热毒是恶性肿瘤主要病因病机之一，恶性肿瘤，尤其是中晚期患者，常有邪热瘀毒，痰湿久滞化热之毒，阴虚之热毒及肿瘤本身坏死感染之毒，互为蕴结在体内或体表，从而出现邪热壅盛之症，同时也加重了病情。因此，清热解毒也是治疗各种恶性肿瘤必不可少的一项重要治则。临床医师应当根据邪正关系恰当运用清热解毒药物治疗，目前经临床实践有肯定疗效和动物实验证实既能清热解毒又能抗癌的药物有半枝莲、蛇舌草、山豆根、红豆杉、射干、白英、苦参、肿节风、银花、连翘、黄芩、龙葵、石上柏、藤梨根、蛇莓、蒲公英、菝葜、天葵子、鱼腥草、野荞麦根、山栀、黄柏、败酱草等。

周老师认为脾胃为后天之本，主运化水谷精微，为气血生化之源。晚期恶性肿瘤患者常常因虚致病，又因病致虚，形成了恶性循环。由于病邪日久，耗损精血，损伤元气，故常见面消形瘦，削骨而立，气血双亏，或经手术、放化疗之后，大伤气阴，正气亏虚，易致邪毒播散进展，故此调理脾胃，益助气血生化，可起良好的扶正祛邪之效。故此周老师的方中都可以看到炒二芽、鸡内金、山楂、白术、山药、生炒米仁等健脾开胃之品。

而中医大部分益气养血、养阴温阳的中药都能提高免疫力，起到扶正祛邪的功效，西医也有免疫治疗药物，也应该遵循一定的原则，周老师在北京进修期间也仔细梳理了一下，然后一再向我们强调。他认为免疫治疗也是各类肿瘤的重要治疗方法。我们运用免疫治疗需要遵循以下原则：免疫治疗必须在手术、放化疗前及手术、放化疗后进行，不能在手术或放化疗期间应用。这是因为手术、放化疗时机体免疫效应细胞也受到严重杀伤和损害，因此，如果此时应用免疫药物治疗，免疫效应细胞就不能发挥最大免疫效应作用。当时临床常用的免疫治疗药物有干扰素、白细胞介素-2（IL-2）、胸腺肽、草分枝杆菌 F.U.36 注射液、注射用甘露聚糖肽、卡介苗、短小棒状杆菌菌苗、转移因子、左旋咪唑、肿瘤坏死因子、康莱特注射液、贞芪扶正冲剂、黄芪多糖注射液、参芪扶正针等。

周老师认为治疗恶性肿瘤，不能固执己见，顾此失彼或偏废中西，要一切以患者为重，必须充分发挥中医药整体观与辨证论治的优势，按照辨证与辨病相结合的原则，合理地对患者进行综合治疗，以期获得理想的疗效。因此，必须坚持中西医结合的方法，综合运用各种治疗手段，包括手术、放疗、化疗、免疫、中医中药、气功、针灸、激光、冷冻以及心理治疗、热疗等，为患者服务，为临床服务，务必致力于临床疗效的提高及患者生存质量的提高，而不应该执着于中西之争、学派之争。

其实有时候我们学生还是会怕见老师的，因为老师会因为我们的懈怠懒惰直接批评我们，毫不留情，所谓"红红脸，出出汗"真的是常态。而且作为党支部书记，老师还要求学生政治上积极向党组织靠拢，学习党的路线方针政策，他说，一名好的医生不但要医术高超，还必须同时政治上要积极上进，医德高尚，才能有所作为，造福人类。我在大学本科毕业当年就已经入党，所以在支部开大会期间我也随同学习，坚定了党性与信念。

毕业后，我留在了浙江省中医院，直接在周老师所在的科里工作，随周老师开展科室工作，外出学习机会增多。因为周老师是中华中医药学会肿瘤分会副主任委员、顾问，所以我随同他参加了历年的肿瘤分会年会，以及相关肿瘤疗效评估标准和诊疗标准的制订工作，又在周老师的引荐下有幸认识了肿瘤分会历届主任周岱翰教授、周宜强教授、花宝金教授；又因老师被邀参加组建世界中医药学会联合会肿瘤外治法专业委员会，我也被引荐，先后成为理事、常务理事；周老师作为浙江省中医药学会肿瘤分会副主任委员，经常要筹备、召开年会，所以我也参加了浙江省肿瘤分会的每次学术年会，学得新知识，认识新朋友，在学会各位常委、委员的帮助下进步很大，后来成为学会秘书和委员。周老师助人是全心全意、尽心尽责和毫无要求的，他助人的标准很简单，诚实肯干，努力负责。他的口头禅是"不能让老实人吃亏"，这让我一直记在心里，并一直遵循。而他做事风格是雷厉风行，"今日事，今日毕"的原则，也让我无比敬佩。目前周老师已经73岁了，但是他仍然精神极佳，体力充沛，每周坚持在医院门诊两天，坚持为患者服务，有时甚至都顾不上吃中饭。我从他老人家身上学到的东西会让我终身受益，对于他的崇高人格、认真态度、精湛医技和政治觉悟，我辈只能高山仰止、终生追赶。

（刘振东）

二、学艺不分年龄

周老师从医50年，医术精湛，誉满全国，虽然我一直就认识周老师，但对其医术和医德的初识，却源自于身边亲人和朋友的口口相传。数十年前我身边不时有朋友和亲人罹患肿瘤，慕名找周老师就诊，但苦于周老师工作繁忙，患者众多，一号难求，尤其是一些外地患者，始终无法挂到他的专家号，心急如焚。周老师诊室内总挤满了患者，周老师或细致询问病情，或向身边的弟子指点诊病技巧，或奋笔疾书开方，一刻不见空闲。

周老师的高超医术，更是让我叹为观止，包括我的朋友和亲属在内的众多患者都对周老师的医术佩服得五体投地，在经过周老师的中药调理以后，均取得较好的疗效，患者的生存质量和生存期都有了明显的改善。俗话说，外行看热闹，内行看门道。患者的评价是对周老师医术最好的印证。但从专业角度来讲，这背后又体现了周老师对于肿瘤病因病机、治则治法、方剂中药的独到见解和灵活运用。我虽然也从事中西医结合专业数十年，但对于中医博大精深的理论，认识仍是非常肤浅，始终无法把握中医治疗肿瘤的精髓。于是在介绍患者的同时，我也趁机向周老师请教中医肿瘤辨证论治的经验。

肿瘤分类繁多，病因各不相同，中医强调治病求本，只有明确了病因才能够对症治疗。周老师常对我说："知其要者，一言而终；不知其要，流散无穷。"并手书之告诫吾辈。然何者为要？病源病因病机也！他十分推崇张仲景对病因的认识："千般疢难，不越三条。一者，经络受邪，入脏腑，为内所因也；二者，四肢九窍，血脉相传，壅塞不通，为外皮肤所中也；三者，房室、金刃、虫兽所伤。以此详之，病由都尽。"但同时他又不拘泥于此，强调肿瘤疾病的病源具有广泛性，另有"百病皆由痰作祟""久病必有瘀"之说，特别是处于当今发达的社会中，受生活习惯、社会心理等方面的影响，病因更加繁杂，更须明察病因病机。而辨识病源、病因，重在四诊，尤其是问诊。在对肿瘤的治疗上，周老师始终遵循理法为先，方药次之的原则，在辨明病因的基础上，精思熟虑，总结归纳，切中病机，用药上融会贯通，灵活变化而不越乎规矩，所治都切合病情，收到满意的效果。肿瘤患者晚期容易出现虚证，即使是同样的疾病，在不同的患者身上会出现气血阴阳的不同，如在使用补气药时，常分为补气阳、补气阴两类。补气阳当用生晒参、黄芪、党参也，补气阴者当选西洋参、太子参、黄精、山药也。同样是肺癌患者，治疗上有时使用化痰散结法，有时又用清热消瘤法。前者以半夏、蛇六谷、天南星、白芥子、白前等化湿痰或寒痰瘀结，后者以前胡、三叶青、山慈菇、猫爪草、瓜蒌等化痰热瘀结。因此，同病异治，异病同治的治法精髓在周老师的临床实践中表现得淋漓尽致。

周老师尤其重视脾胃作为"后天之本"在肿瘤治疗中的地位。"正气存内，邪不可干""邪之所凑，其气必虚""积之成也，正气不足，而后邪气踞之"，周老师认为"本虚标实"是肿瘤疾病发生的主要病因病机，本虚在于正气亏虚，尤其是脾胃虚弱，进而造成气血津液的不足，故而在治疗恶性肿瘤时，常以扶正祛邪为大法。因其运化输布水谷精微，为气血生化之源，五脏六腑、经络肢节、筋骨肌膜皆赖其濡养。李东垣有言："脾胃一病，百病由生。"对于久病内伤劳损者，投以甘温益气、健脾益胃之品以补不足；对胃阴不足者，酌用养阴滋液之品，以复通降。

周老师年轻时曾花费大量的时间学习西医，因此，西医的功底也十分了得。他将中医和西医有机地结合在一起，以发展的眼光辩证地看待中医，临床上要一切以患者为中心，不能囿于学派之争，也不能单纯地、一味地排斥现代医学。在病理生理机制研究、药物治疗、新药开发方面，中西医可以相互借鉴，相辅相成，互相弥补，融通创新。随着经济的发展，时代的变迁，自然环境、人文环境的改变，中医药亦在不断前进，周老师不断提出一些新的中医药理念，使我们深受教诲。他提倡中医要与时俱进，关键是要圆机活法。对待经典著作要在熟读记忆的基础上掌握其精髓，并要提出自己的认识和见解，对于经方的运用，既要随证灵活运用，不可拘泥于原方的药味和剂量，或加一味药，或减一味药，或变化一药之用量，均需要根据临近变化来确定；又要彰显辨证论治的精髓。例如，在治疗肿瘤患者口渴证时，常以"舌质之红淡与否""舌苔之燥润与否""舌苔之黄白与否"作为重要的鉴别依据，分施清热利湿、化气行津、滋阴润燥等法，各处甘露消毒丹、五苓散、增液汤之方，而非一概养阴补液。手术及放化疗后的肿瘤患者，会产生肿瘤分解毒素和废物，对此提出"分利二便""疏泄之法"，采用"补泻结合，祛毒扶正"的治疗原则。面对患者必须坚持中西医结合的方法，合理地对其进行综合评估，坚持辨病论治与辨证论治相结合的原则，坚持整体调节与局部治疗相结合的原则，为患者选择最佳治疗方案。

周老师多年来的临床学术经验已经上升到了思想阶段，并形成了一个完整的理论体系。也正是怀着对周老师的崇敬之心，完成了我的拜师学艺生涯。这几年深受其言传身教，尤其在周老师工作室继续学习，不断提高对传统医学辨证论治的理解，融贯中西，受益匪浅。周老师始终将其自身所学、所感、所悟毫无保留地传授予吾辈。借此机会将其学术相关经验加

以总结推广，以感师恩。

（王晓勇）

第三节　薪火相传育子弟

周维顺老师是国家级名老中医（全国老中医药专家学术经验继承工作指导老师），浙江中医药大学双博士研究生导师，浙江省名中医，世界中医药学会联合会肿瘤外治法专业委员会副会长，中华中医药学会肿瘤委员会顾问、副会长，中国中医肿瘤学会副会长，全国中西医肿瘤防治联盟副主席，全国肿瘤诊治专家委员会副会长，全国中医肿瘤学术年会历年大会主席团副主席，国家中西医结合肿瘤诊治中心副主任，全国膏方抗癌专家委员会副会长，全国名老中医药专家周维顺传承工作室主任导师，中国医促会肿瘤委员会副会长，浙江省中医肿瘤学会顾问、副会长，《中国中医药杂志》及《中国医药杂志》副主编，卫生部中医药临床药理验证基地专家委员会常委，卫生部国家临床重点学科评审专家，国家自然科学基金课题评审专家，省部级国家科技奖评审专家，浙江有线电视台《健康直播室》顾问。原任浙江省中医院党支部书记，院教、职代会主席团常委（中医、西医、中西医结合内科大片 21 个科室 13 个病区代表团团长）兼肿瘤大科主任，曾连续多年任浙江中医药大学及浙江省中医院医药高级职称评审委员会评委等职。

作为一个西医出身的医师，十多年前我就一直非常希望能够跟师周老师进行学习，并多次要求读周老师的在职博士。但鉴于当时我在医院身兼数职，既是医院门办主任、医保办主任，又是体检中心主任，医院领导怕我再去读周老师的在职博士会分散精力，严重影响工作，均未批准我读周老师在职博士的报告。

但近几年来，因我不再担任门办主任和体检中心主任等职，一有时间我就去跟周老师学习。在前年一次偶然的机会下，我碰到了一位肝癌晚期的患者去周老师的办公室找他诊治。该患者说，他已患肝癌晚期半年多了，半年前好多其他的三甲医院的医生都说他已是肝癌晚期，不适合再采用手术、化疗等治疗，以姑息保守治疗为主，预后极差，最多只能活 2 个月，且通知家属做好后事的准备，不需要再花钱去治疗了。但其后来听朋友介绍，慕名而来，找到周老师诊治后，病情一天天好转起来，经周老师半年的治疗，现在其黄疸、腹水也退了,体重也增加了,肝功能及肿瘤指标也比原来下降了1/2,现在吃饭、睡觉都很好,气色也不错。听到这个患者在周维顺老师的精心治疗下,创造了一个西医几乎不可能达成的"奇迹",这更加强了我跟师学习的意愿,跟师学艺的决心也更加坚定。

于是我凭借着与周老师同属于浙江省中医院的优势,抱着对他崇敬的态度,只要一得空,我就会去周老师的诊室跟他学习、讨论、交流心得,周老师曾多次建议我多读书、读好书,希望我深入仔细地研读《黄帝内经》《伤寒论》《金匮要略》《难经》等中医经典名著,对金元四大家及学说(刘完素的火热说、张从正的攻邪说、李东垣的脾胃说和朱震亨的养阴说)及明清医学大家的观点要正确地认知、学习和总结。他说中医是一种文化,文化的发展需要继承前人学术的基础,才有可能进一步发展和创新。在现代医学中,无论传统中医,还是现代中医,抑或是中西医结合,都有自己的特点和专长,我们都需要认真地学习,将其吸收消化方能成为自己的东西。面对各种新的诊疗技术,我们要学习并加以应用且不能摒弃,因为西医理论中的数据来自于各种实验检查和临床分析,是值得我们拿来借鉴的,一味排斥高科技是不利于中医发展的。

中医理论下的肿瘤不是一个局部的病变,而是机体全身功能的异常,只有从整体去把握肿瘤的发生发展规律,才能全面认识肿瘤的本质。所以我们还须学习呼吸科、消化内科、内分泌科、血液科等相关科室的内容,对各个系统的肿瘤要有全面系统的认识。合理运用现代化的科技手段不断地创新发展其内涵,其中就涉及放射科、检验科、病理科、康复科等相关辅助科室。并且需要时刻在意患者及其家属的感受,因为"情志"会时刻影响着患者病情的走向。肿瘤患者及其家属无论患者患病多久,他们内心都是压抑的、封闭的,不少更有自杀或自残的倾向。我们要视患者如亲人,体贴患者,这样患者才能认可你,才能配合你,放心地让你给他做检查,如实地回答你提出的问题,要"用心学习、诚心看病"。

周老师认为,中医治疗肿瘤是可行的,因为中药不仅能抑制癌细胞 DNA 的合成,抑制癌细胞的分裂,诱导肿瘤细胞凋亡,而且还能提高机体免疫功能,间接地抑制肿瘤生长,促进正常细胞生长,减慢肿瘤的生长速度,改善症状,提高患者的生存质量,延长生存期。

活血化瘀药尚有抗凝与促纤溶作用,改善肿瘤患者的"高凝状态",降低血黏度,减少纤维蛋白原。因此,与放射治疗合用可减少纤维形成及血管

闭塞等副作用。活血化瘀还能增加血流量，改善微循环，使抗癌药物和机体的免疫活性细胞容易与癌细胞接触，从而提高疗效。

健脾理气药物还具有提高细胞免疫功能，改善蛋白质代谢，调节肠胃消化吸收代谢的功能，从而起到间接营养的作用。已知癌症是多因素、多阶段、多基因共同作用的结果，而从以上可以看出，中药对癌症的防治是通过多靶点作用来实现的，与西医靶向治疗肿瘤相比，还是有很大优势的。

周老师因为年龄的原因已经退休了，但他依然坚持每周一、每周四门诊，德艺双馨的他希望在中医这条路上，还能够不断地执着追求与探索，希望可以将自己多年的临床诊治经验分享给学术工作室的每一个人，给那些热爱中医药的年轻医师以指导和建议。同时也希望现在的年轻医师要静下心来学习，做好病案记录，记录需要尽可能详尽，如姓名、性别、年龄、症状、舌脉等，包括患者随口说的一句话、一个动作都要记录下来，以备以后查阅。一些常见病可以简单记录，对于疑难杂症、罕见病尤其需要详细记录，包括药物的用法用量和服用方法都要详细记录。记录多了，时间长了，很多病种的治疗方案也就豁然开朗了，但切不可照搬硬套，要找到属于自己的治疗思路，而不是一味地抄方。

（谢俊明）

第四节　桃李满园遍天下

一、西学中跨界学习忙

我是一名纯西医出身的医生，对于中医只知皮毛。在眼科学方面，中医治疗具有独特和不可被西医替代的优势，但苦于一直没有机会学习中医，中医眼科一直是我的弱项。进入浙江省中医院工作后，在医院领导的帮助和本人的努力下，我终于被录取到全省首届西学中高级研讨班学习深造。研讨班的 10 余位导师都是浙江省最优秀的国家级名老中医，在浙江省政府、浙江省人大、浙江省中医药管理局领导的主持下，我们还举行了隆重的拜师仪式，我们全体西学中高级研讨班的学生均向导师献了鲜花，更荣幸的是我院的国家级名老中医周教授在研讨班中精选了院长级高职称的学生八位，亦是该届带学生最多的一位导师，我也幸运地成为这八个学生中的其中一位。通过两年的跟师学习，我学到了不少中医理论及在临床实践中的知识。2012年国家中医药管理局又为周老师专门成立全国名老中医药专家周维顺传承工作室，这是那年国家中医药管理局对浙江省中医院唯一通过批准的一个全国名老中医药专家传承工作室。听闻这个消息我欣喜异常，强烈要求加入工作室，使我再次有机会跟师学习。经过努力，我终于成为了周老师工作室的一员，有机会在他的门下更进一步地深入学习中医知识。后来，在完成我的日常工作后，只要一有时间，每逢周一、周四上午，我都会去跟周老师进行中医临床学习。通过近几年的学习，我的中医理论和临床知识得到了进一步的提高。

中医理论下的眼科疾病不是一个局部的病变，而是机体全身功能的异常，像葡萄膜炎，关乎全身多个系统和器官，只有从整体去把握疾病的发生发展规律，才能全面认识疾病的本质。我们不仅要关注疾病本身，更要关注患者的精神和心理。周老师常说，我们要视患者如亲人，体贴患者，这样患者才能认可你，才能配合你，放心地让你给他做检查，如实地回答你提出的问题，要"用心学习、诚心看病"。

在周老师的言传身教下，我耳濡目染，心领神会；不仅中医学的知识有了提升，对自身学习中医的方式方法也有所提高。周老师严谨治学的态度让我非常佩服，他也教会了我学习中医的主要方式方法。首先要会背，对于很多医理条文必须滚瓜烂熟，了然于胸，中医从四大经典开始到各项专业理论、技能，内容繁复，再加上我一开始对中医的不了解，开始时学习、背诵速度很慢，还经常忘记，但周老师循循善诱，告诉我万事开头难，对中医的理解，知识的积累都是一个循序渐进的过程，读书、看病，都有个渐进的过程，由少到多，由繁到简，由难到易，一点一滴，日积月累，聚涓滴而成江河。周老师的鼓励让我重拾了学习中医的信心，于是我每天清晨早起半小时，晚上晚睡半小时背书，一遍记不住就反复诵读，慢慢地积累相关知识。

同时，周老师还教导我在跟师过程中一定要常总结，老师的临床经验要结合自己的跟诊思考，才能够真正成为自己的东西，今日事也要今日毕。一定要坚持，完成自己定下的任务，并把他自己当时跟师抄方的过程讲述给我听。周老师的谆谆教诲、言传身教，让我也养成了及时总结、归纳的良好学习习惯，白天我随师诊病抄方，晚间整理脉案，阅览医书，我把周老师的脉案按病、按证、按方分别归类，并查阅相应的文献，作笔记，加按语，把个人体会也记下来，还尝试用于治疗。如此温故知新，反复验证，从中领悟老师的学术经验。

在临床工作中，我能将所学习到的中医理论和临床知识与西医的理论和临床相结合，真真正正做到中西医结合，患者的治疗效果与以前单用西医治疗的效果完全不一样了，也显示了中西医结合治疗疾病的优势。同时，在临床治疗中有很多的疑难杂症使用中医中药是能起到很大的治疗效果的，祖国医药确实是一个伟大的宝库。在我跟随周老师抄方学习的过程中，中医知识有了长足的进步，遇得周老师，习得中医，实属吾幸！

（杜尔罡）

二、要做事先做人

2005 年我中医本科毕业后，总觉得自己所学知识太少，不能满足临床患者的需求，于是萌生了进一步深造的念头，经过自己的努力如愿考上了美丽的浙江中医药大学的研究生。因为觉得中医学在肿瘤治疗上有着更大的优势并值得我们研究，就报考了中医肿瘤方向。当时周老师是浙江省中医肿瘤界的泰斗，就怀着崇敬的心情报了他的研究生。第一次见到周老师，感觉他嗓门很大，思维活络，中气十足，完全不像他这个年纪的老人。和周老师相处一段时间后，就觉得周老师对我们这些第一次来杭城读书的学生特别和蔼可亲，让我们找到了亲人的感觉，学习和生活上也感受到家的温暖。

研究生的第一年，我们主要进行的是理论知识的提升，周老师经常教导我们，想成为一名出色的医生，首先理论知识要过关，好比一座大厦，根基要稳。这个理论知识包括西医和中医。现代的中医研究生不光中医得过关，西医知识也要经得起考验，这样到临床我们就能技高一筹。周老师让我们熟读中医经典，如《黄帝内经》《伤寒论》等，经常还推荐一些名家医案，分享一些典型案例，案例整个过程包含西医和中医，这种教学方法让我们受益匪浅，为我们以后实践于临床打下坚实的理论基础。

研究生后两年，我们就跟周老师在浙江省中医院各个科室临床实习，每天跟老师查房，门诊抄方，当时我们就像海绵吸水一样汲取着知识的营养，很累但很充实。回想起来，这应该是储备专业知识速度最快的两年。这里要感谢医院的各位老师毫不吝啬的教诲。周老师在临床上最擅长中西医结合，作为一名中医师，他一方面不盲目排斥正规的手术、放化疗等西医治疗手段，同时他更重视患者的中医调理。中医药不仅在抗肿瘤方面占有重要地位,而且在术后、放化疗后减轻毒副作用方面也有其不可替代的作用。

周老师经常教导我们,要做事先做人,要想成为一名好医生,技术固然重要,但医德更不能缺少,做医生要时刻和患者的心连在一起,急患者之所急,仁心仁术缺一不可。周老师的门诊患者很多,很多患者从很远的地方慕名而来,有时到下班吃饭时间还有患者,周老师经常毫无怨言地加号,直到看完为止,且对患者柔声细语,非常耐心,这让我们感触很深。现在我自己在临床也受到患者的表扬,我想跟周老师的言传身教有莫大的关系。

毕业以后,因医院安排我没有在肿瘤科工作,但是周老师的谆谆教导时时刻刻在耳边回响:不管到哪里,都要做一名具备仁心仁术的医生。在此再次感谢周老师对我的再造之恩,感谢所有教过我的老师们。

(唐 娟)

第五节 提携后学显真情

一、毕业实习初识师

1988 年我在浙江省中医院毕业实习,曾在肿瘤科实习 1 个月,有幸认识周老师,当得知我们是同乡后,距离一下子拉近许多,我和周老师可谓一见如故,周老师对我是关爱有加。当时我还是一名中医学院的学生,初出茅庐,什么都不懂,周老师教我如何妥善处理医院里的人际关系,如何将学校的书本知识与临床实践相结合,特别是将肿瘤的诊治原则、治疗方法以及他的临床心得,无私地、毫无保留地倾囊相授,让我获益匪浅,至今受益并应用于临床。老师教我的肿瘤的诊治常规、中医思维理念,至今记忆犹新。肿瘤分类繁多,病因各不相同,中医强调治病求本,审证求因;理法方药以理法为先方药次之;四诊合参、不可偏颇;百病皆由痰作祟;久病必有瘀;整体观念,常顾脾胃,等等。治疗原则虽书本上早已有之,但不在临床实践就不可能有深切体会,书本知识与临床实践常常是相距甚远。周老师有深厚的西医功底,坚持中西医并重,将中医和西医有机地结合,临床上一切以患者为中心,不囿于学派之争,也不排斥现代医学。提倡中西医相互借鉴,相辅相成,取长补短,融合创新。

二、亦师亦友卅余载

日月如梭、光阴似箭。转眼间与周老师交往已 32 年，在这 32 年中，我和周老师从未中断联系。我去杭州出差会到老师家聚聚，我们常常相谈甚欢，无论学习、工作、生活、家乡人物景观、趣闻逸事等无所不谈；老师回江山探亲也会常常联系我相聚。老师经常督促我入党，老师是位忠诚的共产党员，他的父亲也是一名老共产党员，而且是党支部书记，从小受到家庭的熏陶，老师也将庭训授之于我，教我要正直、充满仁义之心，重医德，勤奋努力，克难攻坚，不断进取，多次苦口婆心、语重心长地要求我向党组织靠拢，在老师的鼓励下，我向党组织递交了申请书，争取早日加入中国共产党。后来有了手机、微信，联系更方便了，我们之间的联系也更加便利、密切，有时常常一通话就是半个多小时。多年来我们可谓亦师、亦友，老师的谆谆教诲、殷切期望常常是我前进的动力。刚毕业分配在乡卫生院，老师也常开导鼓励我不放弃要努力，机会总是给予有准备的人；后来调到县医院，还是一如既往地督促鼓励我及早晋升职称，并在学术上给予我极大帮助。多年来在周老师的影响下，我刻苦钻研业务，追求精益求精，因工作环境需要，我从毕业时从事中医工作，后来又改行西医肝病，现从事康复医学，但对中医从未丢弃并可谓矢志不渝。在康复医学临床实践中，将现代康复医学与传统康复医学有机地结合，走中西医结合的专科道路。在周老师的支持帮助下我在学术上也取得一定的成绩，被聘为世界中医药联合会肿瘤外治法专业委员会常委、北京中西医肿瘤防治技术创新联盟膏方抗癌专家委员会常委、中国民族医药学会血液病分会理事、浙江省中医药学会中医基础理论专业委员会委员、浙江省中西医结合学会神经内科专业委员会委员、浙江省康复医学会理事、浙江省医学会物理医学与康复分会委员、衢州市中医药学会理事会理事等，并被衢州市政府授予第一、二、三届"衢州市名中医"称号，被江山市政府授予第九、十批"拔尖人才"，所有成绩的取得都是与周老师多年来的提携、关照、支持、帮助分不开的。

三、教我兼攻肿瘤学

周老师专攻中医肿瘤学，建树颇丰，面对众多肿瘤患者，也教导我要兼攻肿瘤的防治。这么多年，虽然自己不言放弃，也在努力师承老师之学，但还是后悔没有更进一步，考取周老师研究生，垂聆师训，系统学习。

正因与周老师的交往，老师多次要求我要多多关注肿瘤方面的中医诊治。因我现在从事的专业是康复医学，并不是肿瘤的诊治，但在周老师的关心及言传身教下，我在自己的专业之余对恶性肿瘤方面的治疗也特别关注，近年来有不少肿瘤患者求医于我，有的是周老师给我们江山老乡诊治后让我给转方，我也从中学到老师的诊疗方法，尤其重视脾胃作为后天之本在肿瘤治疗中的地位。"正气存内，邪不可干""邪之所凑，其气必虚""积之成也，正气不足，而后邪气踞之"，本虚标实是肿瘤疾病发生的主要病因病机，本虚在于正气亏虚，尤其因脾胃虚弱，进而造成气血津液的不足，故而在治疗恶性肿瘤时，常以扶正祛邪为大法。在肿瘤的早、中、晚期，患者正气盛衰不一。对晚期患者，因其正气渐衰，宜以扶正为主，适当加用抗癌药，在治疗方法上则应采用内治与外治相结合；对放化疗后的肿瘤患者宜以清热解毒、补益肝肾、健脾和胃、温补和凉补气血、生津润燥。常用中药有半枝莲、半边莲、香茶菜、七叶一枝花、白花蛇舌草、猫人参、猫爪草、莪术、白屈菜、龙葵、蒲公英、蛇莓等。老师的思维理念、理法方药，我在自己的临床实践中屡试不爽，也取得较好疗效，数年来治疗的肿瘤患者也有数百例，他们多来自杭州余杭、德清、绍兴及安徽等地患者。现将成功案例略举一二以告慰老师。

案例 1 胰腺癌术后。

姜某，女，58 岁，江山市人，胰腺癌术后 10 年余。

初诊：2008 年 10 月 29 日。患者于 2008 年 7 月 15 日因确诊"胰腺癌"在浙江某医院行手术治疗，当时病情危重，住院 2 个月余，曾经 3 次手术，经抢救好转出院，抱着试试看的心情来医院门诊就诊（后来患者告知，有专家说过其生存期不过半年）。刻诊：乏力、纳差，面色少华，精神萎靡不振，腹部微胀痛不舒，舌暗红苔花剥有裂纹，脉沉细，诊断：胰腺癌，证属气阴两虚证，治宜扶正祛邪、益气养阴。处方：黄芪 15g，北沙参 15g，枸杞 30g，炒白术 10g，炒白芍 15g，川麦冬 10g，石斛（一等）6g，茯苓 15g，炒米仁 15g，天花粉 10g，炒麦芽 10g，炒谷芽 10g，藤梨根 15g，蛇舌草 15g，菝葜 30g，猫人参 15g，猫爪草 15g，甘草 10g。7 剂，每日 1 剂，温服。连续 4 剂后，诸症改善。

二诊：2009 年 11 月 5 日。诉有时失眠，原方加夜交藤 15g、茯神 15g、酸枣仁 10g，继服 7 剂。

三诊：2009 年 11 月 13 日。诉伴盗汗，加用浮小麦、桃干各 15g。10 年来患者除服用西药"胰酶片"外，一直坚持中药治疗，仅去杭州复查或外出旅游时停药，期间处方随证稍有更改。目前患者病情稳定，一般情况良好，复查肿瘤指标正常，仅腹部 CT 提示腹膜后淋巴结转移。2015 年 12 月 24 日，改为膏方服用，至今仍定期来医院复诊，坚持服用中药并定期去浙江某院复查。

按："胰腺癌"是消化系统常见的恶性肿瘤，恶性程度高，死亡率高，类似于中医"黄疸""癥积"，中医虽无特效治疗方法，但根据辨证可以分型施治，本例患者证属气阴两虚，治宜扶正祛邪、益气养阴，用黄芪、北沙参、枸杞、炒白术、炒白芍、川麦冬、石斛、茯苓、炒米仁以健脾益气、滋阴扶正；天花粉、藤梨根、蛇舌草、菝葜、猫人参、猫爪草清热解毒、祛邪抗肿瘤；炒麦芽、炒谷芽、甘草和胃。因此中药调理、端正心态、注意饮食起居，是晚期恶性肿瘤患者比较可取的正确态度，本例患者能有比较良好的疗效，与患者的良好心态是分不开的。

案例 2 壶腹部腺癌术后。

王某，女，64 岁。石门镇人。壶腹部腺癌术后 5 年余。

初诊：2014 年 5 月 1 日。患者于 2013 年 10 月 28 日因确诊"壶腹部腺癌"在浙江某医院行手术治疗，术后化疗 2 个疗程，因患者感觉不适故出院到医院门诊就诊。刻诊：乏力、纳差，面色少华，腹部微胀不舒，伴糊状大便，但无黏液脓血便，舌红苔干略黄腻，脉沉细。诊断：壶腹部腺癌，证属气阴两虚证，治宜扶正祛邪、益气养阴。处方：黄芪 15g，茯苓 15g，炒白术 10g，生炒米仁各 15g，黄连 3g，藤梨根 15g，佩兰 15g，炒麦芽 10g，炒谷芽 10g，陈皮 6g，厚朴 10g，蛇莓 15g，甘草 10g。7 剂，每日 1 剂，温服。

二诊：2014 年 5 月 8 日。乏力纳差稍改善，但仍腹部胀闷不舒，原方加佛手 15g，继服 14 剂，以后每 2 周 1 次复诊，随症加减。近 2 年来患者一直坚持中药治疗，复查各项肿瘤指标均在正常范围，目前仍在门诊服用中药治疗。

按："壶腹部腺癌"是消化系统常见的恶性肿瘤，恶性程度高，死亡率高，类似于中医"黄疸""癥积"，手术、化疗后无其他特殊治疗方法，中医虽无特效治疗方法，但根据辨证可以分型施治，本例患者证属气阴两虚，治宜扶正祛邪、益气养阴，黄芪、炒白术、茯苓、佩兰、米仁健脾益气滋阴以扶正；黄连、蛇莓、藤梨根清热解毒、祛邪抗肿瘤；陈皮、厚朴理气，炒麦芽、炒谷芽、甘草和胃。嘱患者坚持中药调理、端正心态、注意饮食起居。

案例3 患者徐某，男，68岁，职工。胃癌术后化疗后10年。

初诊：2009年3月29日。患者因"黑粪半月余"于2009年2月5日入住医院外科，胃镜提示胃癌，病理：胃体小弯局限溃疡低分化腺癌（印戒细胞癌），浸润至浆膜层。于2009年2月28日行胃癌根治术，术后化疗6次。刻诊：乏力、纳差，面色少华，舌暗红苔薄白中有裂纹，脉沉细，拟方扶正祛邪、健脾和胃。处方：北芪15g，太子参15g，木瓜10g，莪术10g，北沙参15g，藤梨根15g，川麦冬10g，香茶菜15g，怀山15g，猫人参15g，猫爪草15g，石斛15g，蚤休15g。7剂，每日1剂，温服。

二诊：伴有盗汗、纳差，故加浮小麦、桃干、神曲、谷麦芽各15g；伴有失眠加夜交藤、茯神各15g，化疗结束后除服中药外未服用其他任何药物，经治疗1年，胃镜复查，胃大部切除术后：吻合口炎。病理报告：（吻合口）黏膜慢性浅表性炎，复查肿瘤指标（AFP、CEA、CA72-4）均正常，患者信心大增，态度乐观，继续守原法，处方略有增减，继续坚持服药3年半，如今已10年有余仍健在。

按： 胃癌类似于中医"胃反""胃脘痛""膈气"，《金匮要略》："朝食暮吐，暮食朝吐，宿谷不化，名曰胃反。"多因忧思郁怒，寒凝气滞血瘀而成。早期症状不明显，不易被发现，被发现者多为中晚期，本例患者胃癌术后并化疗，疗程结束即开始服用中药调理，早期考虑脾胃气阴两虚夹瘀，故拟方以健脾气益胃阴为主，使用北芪、太子参、怀山健脾气，石斛、川麦冬、北沙参、木瓜养胃阴，辅以莪术活血化瘀，蚤休、香茶菜、藤梨根、猫人参、猫爪草被认为是有抗肿瘤作用的常用中草药。

案例4 右乳腺癌。

郑某，女，53岁，某医院职工。乳腺癌术后化疗后半年。

初诊：2011年8月8日。患者于2010年10月因确诊"右乳腺癌"在某医院行手术治疗，术后诉右侧胸痛，乏力，烦躁易怒，多汗，闭经，睡眠欠安，纳差，要求服中药治疗。刻诊：舌暗红苔薄白，脉沉细，辨证属右乳腺癌、心脾两虚、肝郁化火证，治宜健脾养血、疏肝降火。处方：生黄芪30g，炒白芍15g，茯苓15g，生炒米仁各15g，太子参10g，柴胡10g，猫人参15g，猫爪草15g，三棱10g，莪术10g，郁金15g，山药15g，甘草10g，石斛12g，佩兰15g，葛根15g。7剂，每日1剂，温服。每周一诊，期间随症加减：纳差加炒谷麦芽各15g；盗汗加浮小麦30g、瘪桃干15g等。

经治 2 个月后胸痛明显好转，月经来潮，去三棱、莪术，加藤梨根 10g，白英 30g。守方坚持服药至 2015 年 4 月 2 日停药观察，自诉一般情况良好，复查肿瘤指标正常。目前病史已 9 年，患者一般情况良好，正常上班。

（姜海华）

第六节　砥砺前行谢师恩

在浙江省中医院名医馆，你会看到一位精神饱满、神采奕奕的老人，他已经 74 岁高龄了，但他仍然坚持在临床第一线，他经常被患者包围，一天门诊量达 100 人；他经常被年轻医师围住，为他们解惑，他带教的学子达 70 余位。他博学多才、满腹经纶，他和蔼可亲、平易近人，他仁心仁术、杏林春暖，他就是我的恩师周维顺教授。

在浙江中医药大学学习期间，我就听闻了周老师的大名，因为自身学识太低，做梦也没想到会有一天能跟随周老师学习；毕业后在浙江省中医院学习，有幸听了 2 次周老师的学术报告，对周老师佩服得很，心里就认定周老师是一位真正的医家；毕业后返回天台老家，进入天台中医院工作，在工作中有许多的困惑、难题，无人解答，在网络上查询，也拜读到了周老师的论文，解决了很多实际问题，应该说这时周老师就是我心中的导师了。也因为周老师的文章，我在临床中对肿瘤的治疗感悟相对突出，使我有了专攻中西医肿瘤方向的想法。2014 年医院委派我到浙江省中医院肿瘤科进修，我的老师是刘振东医师，而刘老师正好是周老师的研究生，所以我应该是周老师的徒孙。在跟刘老师学习的时间里，我系统学习了中西医结合肿瘤的基础知识，也接触到了周老师的医学理论，后来听闻国家中医药管理局为周老师专门成立了全国名老中医药专家周维顺传承工作室，我强烈要求加入工作室，在刘老师的引荐下，我机缘巧合地成为周老师工作室的一员，有机会在周老师的身边学习，接受周老师的言传身教。进修结束后，每逢周一、周四上午，我都会赶到杭州跟周老师抄方，进行中医临床学习。通过近几年的学习，我的中医理论和临床知识得到了进一步的提高。

周老师对中医基础理论十分重视，不仅要求我熟读《黄帝内经》《伤寒论》《金匮要略》《难经》等中医经典名著，还要求我学习神经科、呼吸科、消化科、血液科、外科等相关西医科室的知识，熟悉影像学、检验科、病理科、康复科等相关知识，真正做到对肿瘤的中、西医两个系统都有所认识，只有这样才能中西医结合治疗肿瘤。

周老师对各系统肿瘤都有建树，他认为肿瘤发展不是一个局部的病变，而是机体全身功能的异常，只有从整体去把握肿瘤的发生发展规律，才能全面认识肿瘤的本质。中医治疗肿瘤是可行的，因为中药不仅能抑制癌细胞DNA的合成，抑制癌细胞的分裂，诱导肿瘤细胞凋亡，而且还能提高机体免疫功能，间接地抑制肿瘤生长，促进正常细胞生长，减慢肿瘤的生长速度，改善症状，提高患者的生存质量，延长生存期。癌症是多因素、多阶段、多基因共同作用的结果，中药对癌症的防治是通过多靶点作用来实现的，与西医靶向治疗肿瘤相比，还是有很大优势的。

周老师工作之余还积极参加各种会议、讲座，为传业育人孜孜不倦；他历任世界中医药学会联合会肿瘤外治法专业委员会副会长，中华中医药学会肿瘤分会顾问、副主任委员，中国中医肿瘤学会副会长，全国中西医肿瘤防治联盟副主席，全国肿瘤诊治专家委员会副会长，全国中医肿瘤学术年会历年大会主席团副主席，国家中西医结合肿瘤诊治中心副主任，全国膏方抗癌专家委员会副会长，中国医促会肿瘤委员会副会长等职务。周老师鼓励我们参加各种会议，接触各种流派，扩大视野，学习各种新的诊疗技术，无论传统中医，还是现代中医，抑或是西医的老师都有自己的特点和专长，我们都需要向他们认真学习，将其吸收消化成为自己的东西。

在实际工作中，我能规范开展肺、食管、胃、大肠、肝、乳腺等肿瘤疾病的化疗，并将周老师的中西医肿瘤理论灵活应用到临床，中医中药与手术、放化疗、免疫、靶向治疗配合，协同治疗，患者的抗癌效果、体质恢复、毒副作用改善、免疫调节、生活质量提升较单用西医治疗的效果明显。在工作中，我还碰到很多的疑难杂症，如干燥综合征、自身免疫性溶血性贫血、银屑病，结合周老师的经验、指导，我都能处理并取得一定疗效。跟周老师越久，就越感觉到周老师医术精湛，高深莫测，有一种高山仰止的感觉。

周老师直到现在都坚持每天学习，虽年事已高，但他仍不断为中医肿瘤专业贡献自己的力量，对我们临床所存在的疑难问题、科研等均认真指导分析，他的良师风范深深影响着我们这些学生。微信、微博这些属于年轻人的东西在他那儿一点都不陌生，他通过朋友圈给大家传递满满的正能量、专业知识、国内外新的研究和进展、对人生的感悟等，这些均让我们受益匪浅。恩师不仅将他的知识尽数传给我们，还在人生规划、专业方向上指导着我们。

浙江中医临床名家·周维顺

"师者，所以传道授业解惑也"，周老师不仅传授医学理论与技术，其医风医德更是影响着我。周老师是我人生的导师，医路的明灯，学习的楷模。大恩无以回报，谨以此文叩谢恩师。另祝老师身体健康，万事如意。

（张建强）

第七节　医海迷茫指路人

2008 年我从浙江中医药大学毕业后，一直在湖州市中医院普外科工作，直到 2012 年由于某些原因，医院外科结构进行了大调整，我突然就偏离了原定的工作规划，也就浑浑噩噩地过了 1 年，我以为我的职业生涯也就如此平淡下去了。

就在这时候，一件影响我终生的事情发生了，我们医院的科教科嵇冰科长找到了我，他的想法是让我尝试下科教管理工作，一周 2 天科教，3 天临床。而我确实已经有了想换个环境的想法，但仔细想想，外科手术时间是不确定的，无法满足两边跑的要求，是否需要转专业我有些犹豫不定。我把想法和嵇科长一说，嵇科长沉思了下说："我带你去看看我导师吧，让他给你点意见。"

2013 年 8 月，我第一次面对面见到了周维顺老师，他就是嵇科长的博士生导师。我本身是浙江中医药大学的学生，2006 ~ 2007 年也在浙江省中医院实习，因此在实习的时候也听过周老师的大名，周围的人都说周老师工作非常辛苦，每天门诊排得满满的，门诊患者非常多。周老师对患者非常和善，但对学生却非常严格。《论语》曰："君子有三变：望之俨然，即之也温，听其言也厉。"等我真正面对后才知道，原来一个人的中医造诣可以这么高，眼睛可以那么亮，周老师身上有种气场，很多人第一次和他接近的时候都会很紧张。其实周老师远远看去好像很严肃，靠近了其实发现老师很温和。周老师细细了解了我的情况后，对我语重心长地说："做学问不能分心，但是有时候不得不分心，那你就要找到之中的平衡点，接下来就是付出比别人多一倍的努力，这样才能做好，你现在正处在职业生涯的十字路口，转中医内科的想法是符合目前你的情况的，我表示支持。"这话就像醍醐灌顶，一下子让我茅塞顿开，当时就觉得这个老师好厉害，绝不能错过这个机会，于是我迫不及待地说："周老师，我能否跟您跟师？"周老师看了看我，又看了看嵇科长，说了句："不要急，先来抄方吧。"随即哈哈大笑起来。我红着脸，为自己的唐突感到不好意思。

重新回到了学生时代。刚开始学习，就是看嘛，我性格比较内向，跟师周老师的学生也很多，往往一次门诊，有 4～5 个学生跟诊，我在旁边做着笔记，惊讶于老师治病的效果，也感叹老师的中医水平。随着跟周老师关系越来越近，慢慢老师开始批评了，例如白大褂不整洁，洗手后顺手擦衣服上。老师说："工作要庄重，也是自己庄重。"有时候患者太多，我导引太慢，老师说："要抓紧，要勤快。"事情一多，一劳累，心一乱，老师说："平心静气才能气定神闲，才能看好病人"。老师开始严厉起来，这对我以后的为人处世，待人接物都起到了很大的影响。抄方，非独学技艺也，也是让自己少走思想与学术上的弯路，有段时间每次抄方回来，想的都是今天哪些事情没做好，以后应该怎么做。

周老师不仅对我们严格，对自己更严格，老师有很多习惯，吃饭必定要吃干净，不能有丝毫的浪费。老师考虑问题很全面，又很严谨，常常想人之未想，在他身上可以发现很多圣贤之理。周老师以身力行，知行合一，我们必须要细心揣摩，深思学习！

现在的我已经正式转向中医内科了，每周也正常开展了内科门诊，这几年，我还是坚持每周跟随周老师门诊抄方，学知识同时也学做人，学处事。虽然我并不是周老师的正式弟子，但我以有这段经历为荣，也将受用终身。

（陆周翔）

第八节　术精德劭彰师道

2007 年我从中医药大学本科毕业后进入了部队医院，成为一名军医。遇到周老师是一种缘分，那年为了提高部队官兵和家属的福利，我们医院请周老师来专家坐诊，我作为中医科的年轻医生协助周老师门诊。第一次见到周老师，他满面红光，气色很好，声音洪亮，说话宗气十足，看病过程中思维清晰，从容不迫，给我留下了非常深刻的印象，心里也默默下决心要跟随周老师好好学习中医肿瘤的诊治，这一学就是四年，从自己医院到周老师的名中医工作室，每周一、周四上午只要周老师坐诊我便去学习。

一、兢兢业业做学问，勤勤恳恳为病人

周老师主攻中医肿瘤方向，在他的书房里陈列着数不清的专业书籍和他年轻时的中医笔记、论文集，不坐诊的下午，周老师会沏上一壶茶，翻看自己以前诊治过的病例，有时还会给患者打去电话询问近况。门诊时周老师从不懈怠，来就诊的患者以恶性肿瘤为主，有不少术后、放化疗后身体极度衰弱的，而周老师从不放弃对每一名患者的治疗。他经常告诫我们，中医肿瘤科不同于其他科室，最重的身体疾病在我们这里，最重的心理疾病也在我们这里，我们不但要帮助患者跟癌魔作斗争，也要帮助患者克服绝望的心理状态。周老师是这么说的，自己也是这么做的。他半天的门诊量非常大，很多患者不远千里慕名前来看病，却又挂不上号，周老师总会给他们加号，原本半天的门诊时间，都要拖到一两点才能看完，老师这才肯松口气去吃已经凉了的饭菜。

二、打牢基础勤实践，临证更要多应变

周老师要求我们每个学生都要熟读《黄帝内经》《伤寒论》《金匮要略》等中医经典，还要求我们把西医诊断学和西医内科学也作为日常熟读科目。他说，作为一名中医人，经典给予我们的启示不仅在经方和中医理论上，更有当时时代背景下老先生们的中医思维，而西医作为一门现代学科，有很多它的优点，我们虽然学中医，但医者一切都是为了患者，想要当一名好医生，理论是基础，基础打牢了才能在临床实践中不慌忙，遇到急症、重症才可以随机应变。门诊中有不少初发现肿瘤的患者，周老师并不单一地以中医中药治疗为主，他不排斥手术、放化疗，他认为手术和放化疗与中医治疗并不冲突，有时候是相互促进的作用。只要是对患者有利，周老师的治疗方法是"百花齐放"的。周老师还经常拿出门诊中比较典型的病例来要求大家开展讨论，不时地拿出一些经验方供大家学习和拓展，在他的患者群里，跟随他中医治疗八年后再不复发的人数非常多，他常笑着跟患者说这是"八年抗战"，"八年抗战"胜利后就此可以放心了。

三、师承之路乃我幸，恩师之言铭我心

中医是一门经验学科，讲究辨证论治，周老师在临证中就是这么做的，

耳濡目染，使我也少走了不少弯路。同时周老师也喜好在经方基础上根据中药归经及中药药理加用不同肿瘤的特效药，例如，石见穿治疗胃癌，肿节风治疗胰腺癌，漏芦治疗乳腺癌，猫爪草治疗肝癌等，临床中疗效良好。肿瘤是本虚标实之症，抗肿瘤药多寒凉，周老师每每诊疗，都不忘顾护患者胃气，他常教导我们脾胃乃后天之本，脾胃受损不仅药物不易见效，加之日常营养跟不上，对于原本就体虚的肿瘤患者而言更是雪上加霜的。所以周老师好用炒二芽、炙鸡内金、大枣等缓和整方，顾护胃气。周老师善于把多年的临床经验和理论融会贯通，教于我们，使我们逐渐"开窍"。

时光荏苒，有幸师承于周老师，令我受益良多，受益终身。

（王炜飞）

第九节　慈航普度有心人

一、人生抉择：工作或考研

因为我母亲 2001 年患血液系统恶性肿瘤，我充分理解恶性肿瘤患者及家属的痛苦及就医的艰辛，所以在大学本科期间，我就萌发了钻研恶性肿瘤方向的念头。2004 年 6 月，我从浙江中医药大学毕业，面临着走向工作岗位或继续读研的选择。临近毕业，我主动前往西子湖畔的浙江省中医院肿瘤科咨询，周老师为我分析了就业形势，指出今后要想在工作岗位上有所成就，最好能继续攻读研究生，并指出中西医结合肿瘤方向是不错的专业选择。他当即鼓励我克服困难，继续攻读肿瘤方向的研究生。在周老师的鼓励和支持下，我报考了周老师的研究生，系统学习中西医结合防治恶性肿瘤。

二、学医先学做人

2004 年 9 月，我顺利考入浙江中医药大学继续攻读硕士学位，我的导师正是周维顺教授。周老师给我的第一印象是严厉，很严厉。记得有一次上班因没有赶上公交车迟到，周老师当着师兄妹的面狠狠地训了我。之后我工作日都早起，不敢再迟到。周老师大查房时会经常提问，回答不上来就会面临着严厉的批评，所以师兄妹们都很认真地提前预习和请教。很多时候，周老师又像慈父一样，时时关爱着我们，他会经常嘘寒问暖，会关注我们的日常

饮食，冬天时会检查我们的衣物，甚至也很关注我们的睡眠时间。在科室管理上，周老师作为科主任，对科室进行精细化管理，把握科室发展方向，带领科室取得了很多成绩，科室被评为国家中医药管理局中西医结合肿瘤学重点专科，浙江省中西医结合肿瘤重点学科。作为医务工作者，周老师对患者态度谦和、待人友善，总是不厌其烦地为患者解答他们的疑问，总是尽自己最大的努力给予他们帮助。记得一位来自偏远农村的患者，家庭贫困，付了医药费后不够返程的车票钱，周老师当即借给他 1000 元，让他有能力的时候再还上。我知道，这其实是周老师在变相地给予患者资助，怕伤害患者自尊心，说是借，其实是送给他。这只是周老师关爱患者的众多例子中的一个。我们要学习周老师严谨的工作作风、高超的管理水平，以他为榜样，时刻关爱患者，树立"欲成良医，先学做人"的理念。

三、理论联系实践：中西医并重

周老师在临床实践中坚持"中西医并重"的原则，传承发展中医药事业。周老师对恶性肿瘤的治疗采用异病同治和同病异治、标本兼顾、扶正祛邪、虚实补泻、热者寒之、寒者热之、坚者削之、结者散之、留者攻之、损者益之，也就是理气化滞、活血化瘀、化痰利湿、清热解毒、扶正培本的原则。当然，由于肿瘤发病阶段的不同，邪正消长不一，在肿瘤的早期，患者正气未衰、瘤体尚小时，宜以祛邪攻癌为主，体质弱者适当加用扶正药物；肿瘤中期，患者正气尚可，瘤体较大，可采用攻补兼施；对晚期患者，因其正气渐衰，瘤体增大，且有多部位、多脏器转移和扩散，则宜以扶正为主，适当加用抗癌药。在治疗方法上则应采用内治与外治相结合，传统医学辨证和单、偏、验方相结合，对放化疗后的肿瘤患者中医治疗原则宜清热解毒、补益肝肾、健脾和胃、温补和凉补气血、生津润燥。常用中药有半枝莲、白花蛇舌草、猫人参、猫爪草、苡仁、莪术、白屈菜、龙葵、蒲公英等。他提出肿瘤患者免疫治疗必须在手术、放化疗前及手术、放化疗后进行，而不应该在手术或放化疗期间应用。这是因为手术、放化疗时机体免疫效应细胞也受到严重杀伤和损害，因此，如果此时应用免疫药物治疗，免疫药物不能发挥最大效应作用。周老师紧跟医学发展方向，学习最新国内外恶性肿瘤诊治指南，掌握最新的西医治疗方法，并在放化疗前、中、后结合病情辨证论治施以中医疗法，以达到减毒增效的效果。他在不断实践和总结下，提炼出了颇具特色的三味"角药""数味""串药"之法，用之临床颇有效验。例如，周老师在临床上应用"木香、川芎、王不留行"治疗肿瘤患者接受化疗后出现的手脚麻木。周老师认为此证为化疗药物损伤营卫气血循行道路，导致营卫滞而不行，形成营卫交虚之证，治疗上应以宣通经络为主，必须以温通之品。故选用宣通三焦气分的木香，行气导滞以行血；川芎辛香温窜，通达三焦阴阳气血；以性行而不住的王不留行通利血脉。若手足麻木症状持续时间较长或有气血亏虚征象者则加入黄芪、当归、鸡血藤等补助气血、养血舒筋活络之药；以手麻为主者加入片姜黄、桂枝、桑枝；以脚麻为主者则加入虎杖根、怀牛膝；若服药后麻木消退不明显者，则需加重活血化瘀力度，伍入具有宣通脏腑、贯彻经络、透达关窍的穿山甲片（代），并配伍补气之药，如黄芪、党参等，从而补气活血行血。

案例 李某，男，53岁。

初诊：2013年8月12日。患者2012年年底因大便出血，行肠镜检查提示升结肠中分化腺癌，随行手术治疗，术后行FOLFOX方案化疗6次。1个月前出现双脚麻木，持续不减，服用甲钴胺片等药物治疗，但效果不明显。诊见：神情倦怠，胃纳欠佳，腰部酸困无力，大便溏薄，双脚麻木。舌质淡暗、苔薄白，脉沉细。辨为脾肾两虚、脉络瘀阻之证，治以健脾益肾、活血通络。处方：党参、黄芪、炒鸡内金各20g，焦白术、茯苓、补骨脂、仙灵脾、炒杜仲、虎杖根、怀牛膝、川芎、王不留行各12g，炒山药、生苡仁、炒苡仁、制狗脊、焦山楂各30g，炒白扁豆15g，肉豆蔻、橘红、橘络各10g，木香5g。7剂。每日1剂水煎，分早晚两次饭后30分钟温服。

二诊：服上药7剂后，胃纳改善，大便已实，腰酸好转，脚麻如故，原方去党参、炒白扁豆、仙灵脾、肉豆蔻，加制炮甲片（代）6g，黄精30g，炒续断12g，炒谷芽、炒麦芽各15g，继以7剂。

三诊：诉7剂服完后，腰部酸困已无，脚麻较前大有减轻，原方去焦白术、补骨脂、制狗脊、炒杜仲，加猪苓、野葡萄根各12g，鸡血藤30g，续服7剂。

四诊：诉脚麻消失。

四、学业有成，报效社会

通过三年跟随周老师系统地学习中西医结合治疗恶性肿瘤理论和临床实践，我初步掌握了常见肿瘤的诊治思路和进展，顺利完成了硕士研究生阶段的学业。毕业后，我在一所三甲医院肿瘤内科工作，并迅速成长为科室骨干，一直不忘遵周老师教诲，在临床工作中理论联系实践，中西医并重，秉承"有时是治愈，常常是安慰，总是去帮助"的理念，注重对患者的人文关怀。目前我已是中西医结合副主任医师，现在准备参加中西医结合主任医师资格考试。我也兼任了中国肿瘤防治联盟浙江省联盟结直肠专委会委员、浙江省抗癌协会癌症康复专委会委员、浙江省抗癌协会肿瘤内科专委会青委、浙江省抗癌协会肿瘤靶向及细胞治疗专委会青委、杭州市抗癌协会理事、杭州市癌症康复会会长等职务，获得了 2016 年浙江省癌症康复工作先进个人，所领导的癌症康复会荣获 2016 年度、2018 年度浙江省癌症康复工作先进集体一等奖。主持及参与省市各级科研课题 10 余项。在以后的工作中，我仍将不忘周老师教诲，继续刻苦钻研，关爱患者，为中西医结合肿瘤防治事业而奋斗。

（吴敏华）